ClimatePartner °
klimaneutral

Verlag | ID: 128-50040-1010-1082

CO_2-Emissionen vermeiden, reduzieren, kompensieren –
nach diesem Grundsatz handelt der oekom verlag.
Unvermeidbare Emissionen werden durch Emissions-
minderungszertifikate mit Gold Standard ausgeglichen.
Mehr Informationen finden Sie unter: www.oekom.de

Bibliografische Information der Deutschen Nationalbibliothek:
Die Deutsche Nationalbibliothek verzeichnet diese Publikation
in der Deutschen Nationalbibliografie; detaillierte bibliografische
Daten sind im Internet über http://dnb.d-nb.de abrufbar.

© oekom verlag München 2015
Gesellschaft für ökologische Kommunikation mbH,
Waltherstraße 29, 80337 München

Lektorat: Christoph Hirsch, oekom verlag
Korrektorat: Silvia Stammen
Innenlayout, Satz: Ines Swoboda, oekom verlag

Druck: GGP Media GmbH, Pößneck
Dieses Produkt ist auf Druckpapier gefertigt, das nach
den Richtlinien des Forest Stewardship Council (FSC®) für
verantwortungsvolle Waldbewirtschaftung zertifiziert ist.

Alle Rechte vorbehalten
ISBN 978-3-86581-732-7

Inhalt

Schluss

Über Nostalgie und Kreativität

Einführung

Ware und Intelligenz

Es ist eine abgründige Frage, warum Menschen das Richtige erkennen, es billigen – und dann doch das Falsche tun. Sie wurde viele hundert Jahre[1] lang von Moralisten gestellt und bezog sich auf das Handeln von Individuen, die beispielsweise wissen, dass ihnen Alkohol schadet, dies auch ihren Kindern sagen – und sich dennoch betrinken. Heute beschäftigt uns angesichts des Widerspruchs zwischen gutem Wissen und schlechtem Tun weniger die Moral von Individuen als die Stabilität von Staaten, der Erhalt der Biosphäre, globale Energie-, Umwelt- oder Schuldenkrisen.

Die Konsumgesellschaften treiben Raubbau an der Gegenwart, verbrauchen mehr Rohstoffe, als nachwachsen und zahlen die Zinsen für ihre Kredite durch neue Schulden. Wer einen kleinen Kredit haben will und keine Sicherheit bietet, geht leer aus; wer einen Staat führt und nicht die geringste Wahrscheinlichkeit geltend machen kann, dass er dessen Schulden zurückzahlen wird, kann problemlos neues Geld leihen.

Wenn uns gegenwärtig unsere Intelligenz nicht daran hindert, Atomkraftwerke zu bauen, Tropenwälder zu roden und unser Klima zu gefährden, dann zeigt das, dass die Strukturen, die solche Entwicklungen bedingen, stärker geworden sind als die menschliche Einsicht. Ich nenne diese Strukturen die »Dummen

---

[1] »Das Bessere seh ich und lob ich, Schlechterem folget das Herz.« – Ovid, Metamorphosen, 7,20f. (Original lat.: »video meliora proboque, deteriora sequor«).

Dinge«, auch wenn es vielleicht verkürzt wirkt, Dinge dumm zu nennen – ist nicht alle Materie weder dumm noch klug? Aber eine derart knappe Formel prägt sich gut ein und hat ihren Zweck erfüllt, wenn sie zum Nachdenken anregt. Inhaltlich geht es darum, weiterzuentwickeln, was Günther Anders (1956, 1980) mit der Rede von der Antiquiertheit des Menschen angedeutet hat.

Von den vielen möglichen Orientierungen über das, was klug und was dumm ist, bevorzuge ich eine möglichst erdnahe, die davon ausgeht, dass der Mensch seinen Platz in der Evolution vor allem durch seine Intelligenz erreicht hat. In einzelnen Leistungen sind uns viele Tiere überlegen. Den Mangel an spezialisierten Anpassungen kompensierten unsere Vorfahren in der Evolution durch geistige Fähigkeiten. Wenn gegenwärtig die Menschen auf diesem Planeten einerseits intelligent genug sind, die Grenzen seiner Belastbarkeit zu erkennen, andererseits aber dieses Wissen sie nicht daran hindert, die Natur zu plündern und die Ökosysteme über Gebühr zu belasten, dann erhebt sich doch die Frage: Was macht uns derart dumm? Was hindert uns am Denken, löscht Einsichten wieder aus, die schon einmal da waren, lässt kritische Fragen verschwinden, ehe sie zu Taten führen?

Vor gut vierzig Jahren hat der Autor versucht, diesen Gegensatz auf die Formel des *Homo consumens* zu bringen, der den *Homo sapiens* abgelöst hat und nun droht, den Planeten unbewohnbar zu machen.[2] Es folgten viele Hypothesen, welche die

---

[2] Wolfgang Schmidbauer: Homo consumens. Der Kult des Überflusses, Stuttgart 1972. 1982 und 1992 überarbeitet erschienen unter dem Titel: Weniger ist manchmal mehr. Die Psychologie des Konsumverzichts. 2013 neu bearbeitet als E-Book.

Differenz zwischen der möglichen Einsicht und der vernunftwidrigen politischen und wirtschaftlichen Praxis erklären wollten: die Profitinteressen des Kapitals, die Orientierung der Politik an wankelmütigen Wählern, die Manipulation kollektiver Ängste, in dem Wettrennen um die Ausbeutung der Commons (der Gemeingüter wie Luft, Wasser, Rohstoffe) zu spät zu kommen. Die verdummenden Qualitäten der Waren, welche in der Konsumgesellschaft produziert und vermarktet werden, wären ein weiterer Aspekt dieses von den aufgezählten und gewiss noch weiteren Faktoren geprägten Geschehens.

Die Dinge, mit denen wir uns umgeben, schwächen unsere Möglichkeiten, einsichtig zu handeln, gesund zu bleiben und unsere Intelligenz zu trainieren. Das ist vor allem für Kinder verhängnisvoll, führt aber auch beim erwachsenen Konsumenten dazu, dass seine Fähigkeiten abnehmen, Versagungen aktiv anzugehen und nicht darauf zu vertrauen, dass Waren ihm Kreativität, Einsicht und handwerkliche Fertigkeiten ersetzen können.

Wenn wir Unlust verspüren, erhält unser Verstand den Auftrag, dem abzuhelfen. Er geht in der Regel ökonomisch vor, das heißt, er bevorzugt gebahnte Wege, auf denen das Ziel möglichst schnell und bequem erreicht wird. Andererseits ist zu viel Bequemlichkeit nicht gut, sie macht uns träge, lässt unsere Fähigkeiten verkümmern, sperrt uns von neuen Erfahrungen ab. Aus diesem Grund gibt es auch eine Neigung, den gebahnten, bequemen Weg zu verlassen, etwas Neues auszuprobieren, einen Weg zu gehen, den noch niemand betreten hat. Die bequemen Wege aus der Unlust führen in die Unlust an der Bequemlichkeit, die Routine ist und von der wir dunkel ahnen, dass sie uns schwächt, weil sie unsere Fähigkeiten verkümmern lässt, uns für künftige Anforderungen zu wappnen.

Die Kunst des Überlebens

Ein Mann mit einem schmalen Rucksack bucht bei einem kanadischen Buschpiloten im Frühling einen Flug zu einem See mitten in einer sonst unzugänglichen Wildnis. Das Wasserflugzeug landet, der Mann steigt aus und sagt dem Piloten, er solle zurückfliegen und ihn nächstes Jahr um diese Zeit wieder abholen. Der Pilot will das nicht glauben und lässt sich den Inhalt des Rucksacks zeigen: eine große Axt, Angelschnüre, Unterwäsche, Werkzeug, ein Jagdmesser. Schließlich, da sich der Todeskandidat nicht umstimmen lässt, verspricht er, in einem Jahr wiederzukommen und akzeptiert eine Vorauszahlung.

Ein Jahr später landet er an derselben Stelle. Am Ufer steht ein Blockhaus, aus dem lehmverputzten Schornstein wölkt Rauch. Die Hütte ist wohnlich eingerichtet, mit steinerner Feuerstelle, einem pelzbedeckten Bett, Tisch und Stuhl.

Ein Pilot braucht anderes zum Überleben als ein Trapper. Das ist unvermeidlich. Aber wenn uns heute der Trapper soviel mutiger und überlebenstüchtiger erscheint als der Pilot, zeigt das doch, wie dumm wir durch unsere bequemen Dinge gemacht werden und wie viel Intelligenz die schlichten Werkzeuge wecken.

Der Pilot hat ein embryonales Verhältnis zur Technik gewonnen. Er kann sich nicht vorstellen, wie es möglich ist, mit einfachsten Mitteln zu überleben. Sein Umweltbezug ist kokonisiert. Solange sein Flugzeug funktioniert, beschäftigt es ihn wenig, was außerhalb dieser Hülle geschieht. Unter diesem Blickwinkel ist die Axt ein kluges Ding, das Flugzeug ein dummes, und dazu passend versteht in unserer Geschichte der Axtträger durchaus, was in dem Piloten vorgeht, aber dem Piloten bleibt der Axtträger ein Rätsel.

Dumme Dinge haben so viel Intelligenz verzehrt, während sie konstruiert wurden, dass schließlich dem Benutzer gar keine Gelegenheit mehr bleibt, seine Intelligenz einzusetzen. Unter diesem Aspekt gibt es natürlich auch Flugzeuge, die dümmer sind als andere. Das Wasserflugzeug des Buschpiloten ist wahrscheinlich intelligenter als der Jumbo einer Fluglinie. Aber was sind beide, verglichen mit der Axt?

Macht und Maschine

Zu den dümmsten Aussagen über Technik gehört die, sie sei neutral, es komme darauf an, was der verantwortliche Mensch mit ihr mache. Neutral ist Technik nur bei Handwerkzeugen, wie Hammer und Sichel, die zwar unsere Fertigkeiten vergrößern, jedoch keine Sucht-Qualität entfalten und auch nicht vorgaukeln, es gäbe einen Gewinn an Macht ohne Kosten. In der Konsumgesellschaft wird Technik systematisch benützt, um süchtig zu machen; kommerziell erfolgreiche Waren beruhen weitgehend auf solchen Mechanismen.

Der Motor steigert die eigene Körperkraft und erweitert vor allem die Grenzen ihrer Ausdauer. Wer mit der Hand sägt, findet die Bewegung nur kurze Zeit angenehm. Bald ist sie anstrengend. Sägt er weiter, schmerzt sie. In der Industriegesellschaft, in der Fleiß (lateinisch *industria*) eine Leittugend ist, gehört es zum Stil des Arbeiters, weiterzusägen, auch wenn der Arm schmerzt. Die Maschine steigert seine Leistung und erlöst ihn von diesem Schmerz. Durch diese verzerrte Beziehung zur Anstrengung, zu Handwerk und Handarbeit, explodieren in der Konsumgesellschaft die scheinbaren Entlastungen.

In einer Fabel aus China lehnt der Weise den Hebelbrunnen ab, weil er fürchtet, durch seine Benutzung selbst wie eine

Maschine zu funktionieren. Günter Anders hat diesen Gesichtspunkt der *Ansteckung* durch die Maschine um den Aspekt der *Beschämung* durch sie ergänzt. Seine Formulierungen über die »prometheische Scham« beschreiben die Reaktion auf Produkte angehäufter, überindividueller menschlicher Erfindungskraft, vor der die eigenen Fähigkeiten kümmerlich erscheinen. Diese Einwände gehören in eine Zeit, in der sich das selbstkritische Individuum noch von den regressiven Reizen der Konsumgesellschaft abgrenzen konnte.

Heute überwiegen Verschmelzungen mit den Maschinen, die schamlos der Steigerung des eigenen Machtempfindens und der Verwöhnungsbedürfnisse dienen. Solange Autos, Handys und Tablets immer besser werden, sind wir auch davon abgelenkt, darüber nachzudenken, ob sie nicht prinzipiell unbekömmlich für den Menschen sind. In der Verschmelzung und Identifizierung mit dem Konsumgut ist das erschlichene Machtgefühl nicht mehr erkennbar. Der Konsument ist Sieger, wenn nicht über die düstere Zukunft, so doch über die hoffnungslos rückständige Vergangenheit, in der beispielsweise ein Auto noch eine Handkurbel hatte, um es anzuwerfen, ein Motorrad mit einem Fußtritt gestartet wurde, ein Fotoapparat mithilfe eines Daumendrucks den Film transportierte oder eine Uhr aufgezogen wurde und nicht alle zwei Jahre eine Portion Batteriegift in die Umwelt entließ.

Wären sie nicht selbst Teilhaber an diesem selbstverständlichen Machtgewinn, dann würden die Intellektuellen und die helfenden Berufe öfter darauf hinweisen, wie wenig die Warenverwöhnungen auf die unausweichlichen Enttäuschungen des Lebens vorbereiten und wie groß die Gefahr wird, dass kleine Einschränkungen wie unerträgliche Frustrationen erscheinen, die nach sofortiger Rache schreien. Schließlich ist es in der Welt

der stummen Diener um uns herum selbstverständlich geworden, dass die kleinste Unbequemlichkeit von einem geräuschlo-
sen Servomotor beseitigt wird.

Störung und Fortschritt

Vertrauen setzt voraus, dass im Grenzfall der Vertrauenswürdige
gegen seine eigenen Interessen handelt, um das Vertrauen nicht
zu enttäuschen. In einem gesellschaftlichen Klima, das die eigene
Bequemlichkeit zum sittlichen Gut erklärt, ist Vertrauen schwerer zu haben als alles andere.[3] Dabei wirkt die Warenbotschaft
nachhaltiger als die ethische Erziehung, die nach wie vor Ge-
meinwohl, Altruismus und Vertrauensbeziehungen betont. Der
Vertrauensschwund ist chronisch und allgemein. Er wird nur in
den Massenmedien periodisch wie ein aktuelles Problem abge-
handelt, das mit vermeidbaren Fehlern zusammenhängt.

Eine intelligente Maschine wird in einem verschraubten Gehäuse geliefert, mit Werkzeug und einer Anleitung, wie mit Störungen umzugehen ist. Eine dumme Maschine tritt als ein unzer-
störbares Wunderwerk auf. Das Plastikgehäuse ist verschweißt.
Bei Störungen während der Garantiezeit wird das ganze Gerät
ersetzt, bei einer später notwendigen Reparatur rät der Kun-
dendienst (falls es ihn gibt), lieber das neue Modell zu kaufen,
eine Reparatur lohne sich nicht. »Industriestandard«, eine mit

---

[3] Eine makabere Pointe in diesem Prozess ist, dass dieselben Medien, die ihn auf
der einen Seite fördern, auf der anderen Seite eigene Magazine entwickeln, in
denen periodisch veranschaulicht wird, dass man keinem Experten trauen darf:
Autoreparaturwerkstätten finden den Fehler nicht und berechnen stattdessen
sinnloses Teiletauschen, Zahnärzte sanieren sich durch die Sanierung gesunder
Zähne, Aufsperrdienste machen Schlösser kaputt, um anschließend Ersatz teuer
zu verscherbeln, usw.

Ersatzteilen ausgerüstete und reparaturfreundliche Maschine, ist in der Konsumgesellschaft eine teure Spezialanfertigung, deren Wert zu schätzen und die auf dem Markt zu finden Spezialwissen erfordert.

Ein Unternehmen, das einen reparaturfreundlichen Staubsauger anbietet, muss mit Umsatzeinbußen rechnen, wenn es keine Kontrolle über die Ausbeutung der regressiven Haltungen von Konsumenten gibt. Diese glauben erst einmal der Werbung, die ihnen eine Illusion perfekter Funktion vorgaukelt, die für wenig Geld zu haben ist; werden sie enttäuscht, hoffen sie beim nächsten Produkt auf Erfüllung. Wer die regressiven Neigungen der Konsumenten fördert und ausbeutet, macht mehr Umsatz und kann mehr Geld in Reklame investieren, die den Absatz seines Schundes steigert. Die Ware programmiert den Konsumenten. Angesichts einer Störung fällt ihm nichts ein, weil er weder weiß, wie sein Gerät funktioniert, noch dieses ihm irgendetwas beigebracht hat. Die Störung führt zu keinem progressiven Schritt, beispielsweise zu einer genaueren Kenntnis des Produktes und seiner Qualitäten. Der Konsument soll das nächste Produkt kaufen, ohne nachzudenken. Darin liegt seine Lebensqualität: Es gibt immer genug Produkte. Leider halten es Sozialberufler meist für unter ihrer Würde, sich mit Armbanduhren und Staubsaugern zu beschäftigen. Anderseits sind sie mit Fernwirkungen der regressionsfördernden Produkte konfrontiert, die sie zur Verzweiflung bringen.

Verzicht und Disziplin

Wer mit Ärzten spricht, kommt bald auf ein Thema, das vielen (und gerade den engagierten, nicht am raschen und bequemen Gelderwerb interessierten) Medizinern die Freude am Beruf vergällt. Patienten wollen zwar ihre Gesundheit wiederhaben, aber auf nichts verzichten. Der Doktor soll doch – wozu verfügt er über diese wunderbaren Apparate – das Herz in Ordnung bringen und die chronische Bronchitis wegschaffen, aber bitte nicht schon wieder die Leier vom Verzicht auf die Zigarette, von mehr Bewegung und vom Abnehmen! Fällt ihm denn gar nichts besseres ein? Kein neues Medikament, keine Injektion, auch nicht die Laserakupunktur, von der neulich zu lesen war? Hat er nichts Angenehmes zu sagen? Dann kaufe ich mir einen anderen Experten!

Der Medizin sind Leistungen möglich, die der menschlichen Mobilität in einem Zweisitzer mit Zwölfzylindermotor entsprechen – die dritte Herztransplantation, Operationen im Greisenalter, die Rettung von Unfallopfern, die dann ein halbes Menschenleben im Koma liegen. Dennoch können Maßnahmen, die mit Verzicht und Disziplin zusammenhängen, gegenwärtig für die Lebensqualität der Bevölkerung unendlich mehr leisten als alle kostspieligen chirurgischen und medikamentösen Neuerungen. Obwohl wenig beachtet, ist doch die Sackgasse erkennbar, in die wir geraten, wenn wir anfangen, eine durch Alkoholismus bedingte Leberzirrhose durch die Transplantation eines Organs zu »heilen« oder Fettsüchtige dadurch zu behandeln, dass ihnen ein Stück Dünndarm herausgeschnitten wird.

Anders als die neolithische Umwälzung durch Ackerbau und Viehzucht beruhte die industrielle Revolution auf durchdachten Projekten. Das weckte den Glauben, dass es möglich sein müsste, auch Humanität zu planen und zu verwirklichen. Die Konsumgesellschaft hat diese Qualitäten verspielt. Ihr Linsengericht mag leckerer sein als das, welches Esau sein Erstgeburtsrecht kostete. Aber es steht auch mehr auf dem Spiel.

Weil das neue Auto über 280 Stundenkilometer schnell ist und einen Motor von jener Stärke hat, die auch einen Omnibus bewegt, braucht es auch Antiblockiersysteme, Gurtstraffer, Airbags rundum, einen Seitenaufprallschutz und ein denkendes Fahrwerk. Um zu verhindern, dass die machtvoll getriebenen Reifen beim Anfahren verheizt werden, ist eine Antriebsschlupfregelung eingebaut. Kurzum, wer sich auf diese sinnlich fassbare und faszinierende Absurdität einlässt, ist von vertrauten Problemen und vertrauten Lösungen umgeben; er fühlt sich in der Beschäftigung mit einer Maschine, die seinen Kindern Erde und Luft wegnimmt, geborgen.

Diese Dynamik erinnert an archaische Konkurrenzen der Waffenschmiede. Immer wird der Panzer, den der eine fertigt, durch die Klinge geprüft, die ein zweiter macht. Jeder ist so gezwungen, ständig die Fortschritte des Rivalen durch neue, eigenen Bemühungen zu kompensieren. So müssen Sicherheitstechniker antreten, um die Gefahren zu mildern, welche durch den stärkeren Motor geschaffen worden sind. Niemand versucht, das System zu entschleunigen, durch die weniger aufwendige Gestaltung des einen Teilsystems ein anderes zu entlasten. Bei einem Unfall mit der Hälfte der Höchstgeschwindigkeit sind die Sicherheitssysteme bereits ohnmächtig. Solche Muster sind universell geworden.

Durch die industrielle Produktion wird die traditionelle Handwerkskunst auskonkurriert. Sie geht verloren, weil die Konsumenten nicht in der Lage sind, einem Angebot zu widerstehen, das deshalb so billig sein kann, weil die Kosten der Produktion einer Umwelt, die sich nicht wehren kann, und einer Gesellschaft aufgebürdet sind, die noch nicht in der Lage ist, über das Warenganze zu reflektieren.

Der bengalische Mystiker Rabindranath Tagore hat einen typischen Verfallsprozess beschrieben, als er das *Debbie* und das *Chatti* verglich. Beides sind Gefäße, mit deren Hilfe die indischen Frauen Wasser in ihren Haushalt bringen. Das Debbie ist ein Blechkanister, der früher Öl oder Benzin enthielt; das Chatti ein Krug, den der Dorftöpfer macht. Das Debbie ist praktisch umsonst zu haben und zerbricht nicht; das Chatti ist handwerklich hergestellt und schön. John Seymour setzt hinzu, »dass selbst eine hübsche Frau mit einem Debbie auf dem Kopf hässlich aussieht, während auch eine weniger schöne Frau mit einem Chatti auf dem Kopf graziös wirkt. Außerdem … trägt der Gebrauch des Chatti dazu bei, einem Freund und Nachbarn im Dorf eine Lebensgrundlage zu geben, während das Debbie vorwiegend zur Verschmutzung und Entwürdigung unseres Planeten beiträgt.«[4]

Neulich las ich einen Bericht über Afrika, der die schwerwiegenden Rückschritte auf diesem Kontinent beschrieb – die räuberischen Gruppen von Polizei und Militär, die ihr Gehalt denen abpressen, die sie beschützen sollten, die allgegenwärtige Korruption, die politischen Erschwernisse humanitärer Hilfe, durch die eine Handvoll Maismehl für ein afrikanisches Kind teurer zu beschaffen ist als die Mahlzeit des Europäers in einem Dreisternelokal. In dem Düster wurde ein Lichtblick beschrieben: der Kanister. Leicht, billig und unzerbrechlich sorgt er dafür, dass auch Kinder Wasser holen können und ihre Mütter sich stundenlange Wege ersparen. Früher, als es nur Tonkrüge gab, war das unmöglich. Wir sehen, es ist nicht leicht, Urteile über Dinge zu

---

[4] Seymour, John: Vergessene Künste. Bilder vom alten Handwerk, Ravensburg 1984, S. 8

fällen. Die Folgen von Erschwernissen können ebenso problematisch sein wie die Folgen von Erleichterungen.

Ist es gut, einen unzerbrechlichen Kanister zu haben, der es ermöglicht, Kinder schon früher und effektiver zur Arbeit einzusetzen? Die Frage kann offenbleiben, was aber eindeutig ist: Wir können sie nicht durch ein moralisches oder ästhetisches Urteil beantworten.

Pfusch als Chance

»Pfusch« ist erst einmal ein Begriff, mit dem sich der gute Leistungsträger vom Minderwertigen absetzt, Pfusch ist etwas Schlechtes, das nicht nach den Regeln der Kunst gemacht ist. Aber nicht immer funktioniert schlecht, was nicht nach den Regeln der Kunst gemacht ist. Mein Beispiel dafür ist das Gasseil in einem VW-Käfer. Einmal wollte ich an der Ampel losfahren. Auskuppeln, Gas – Stillstand. Das Gaspedal zeigte keinen Widerstand. Heckklappe auf: Das Gasseil war dicht am Vergaser gerissen.

Ich kaufte mir nach kurzem Überlegen um ein paar Pfennige eine Lüsterklemme. Mithilfe einer Kombizange und eines Schraubendrehers gelang es mir, die zerfransten Enden des gebrochenen Gasseils in die Öffnungen der Klemme zu stecken. Dann schraubte ich die kleinen Messingschrauben der Klemme fest zu und fuhr weiter.

Die Lüsterklemme am Vergaser sah lächerlich aus. Ich gab dem Provisorium keine Lebenschance. Aber die Reparatur hielt so gut, dass ich vergaß, meinen Pfusch durch ein neues Gasseil zu ersetzen. Den Käfer habe ich noch vier Jahre gefahren und dann einer Bekannten verkauft.

Als mir ein dicht beim Haus aus der Erde stechendes, wohl von altem Bauschutt stammendes Rundeisen beim Mähen eine

Scharte in die Sense machte, legte ich sie beiseite und mühte mich mit Leibeskräften, das Eisen aus der Erde zu reißen. Es gelang nicht und ich überlegte schon, mit Pickel und Schaufel wiederzukommen, als der alte Nachbar hinzutrat.

Er war ein drahtiger Mann, der Stumpen rauchte und einen zynischen Humor hatte. Jetzt zog auch er einmal energisch an dem Eisen – er wäre kein Mann gewesen, hätte er darauf verzichtet – bog dann die Spitze um und begrub sie mit einem kräftigen Tritt in der Erde. Das Problem war gelöst, ich konnte fertig mähen. Er verabschiedete sich mit einem in Bayern gängigen Spruch: »Bläd derfst scho sei, aba heafa muasst dir kenna!« Hochdeutsch heißt das: »Blöde darfst du sein, aber helfen musst du dir können!«

Wenn ein Pfuscher Erfolg hat, nennen wir ihn originell. Wenn er scheitert, haben wir schon immer gewusst, dass es so nicht geht. Im zu Recht abschätzigen Sinn nennen wir eine Arbeit Pfusch, die mit verlogenen Versprechungen arbeitet: Das neue Dach ist nicht dicht, die Mauer ist aus dem Lot, beim Ölwechsel an der Tankstelle wurde der Filterwechsel »vergessen«.

In der europäischen Geschichte wird der Pfusch von den Zünften definiert und hat eine rassistische Seite. Juden und fahrendes Volk, denen der Weg in das zünftige Handwerk versperrt war, brachten als »Pfuscher« die Kunst der Reparatur zur Blüte, um die sich die Zünfte nicht kümmerten. Diese wollten seit je neue Produkte verkaufen.

Bei den ärmeren Schichten waren diese Reisenden willkommen. Sie arbeiteten mit eindrucksvoller Fertigkeit und trugen dazu bei, dass Dinge erhalten blieben und funktionierten. Pfuscher flickten Geräte aus Kupfer und verzinnten sie. Sie machten Scheren und Messer wieder gebrauchtüchtig und reparierten zerbrochene Tonschüsseln oder Backformen mit kunstvoll geflochtenen Drahtnetzen. Wer altes Gerät sammelt, sieht in manchen Arbeiten dieser »Pfuscher« keine Minderung ihres Wertes.

Während aus der Perspektive des zünftigen Handwerkers die Pfuscher klägliche Gestalten sind, die etwas unfachmännisch machen, was jeder unterrichtete und korrekte Mensch einem Fachmann anvertraut, sind global gesehen die Pfuscher weit in der Überzahl. Wer von den zahllosen Männern und Frauen, die in den armen Ländern Schuhe flicken, Autos wieder in Gang setzen, Fahrräder oder Radios reparieren. hat sein Handwerk korrekt gelernt? Wer hat dem Mann im Basar von Marrakesch beigebracht, aus alten Autoreifen Handtaschen, Eimer, Sandalen und sogar Aschenbecher zu machen? Woher weiß der Junge in Kairo, wie man »Einwegfeuerzeuge« noch einmal und noch einmal füllt?

Wenn etwas kaputtgeht und es leicht ist, Ersatz anzuschaffen, halten es wohl die meisten Menschen für normal, das kaputte Ding wegzuwerfen und ein neues zu kaufen. Es war und ist nicht Einsicht, sondern Armut, welche die bewundernswürdigen Reparatur- und Wiederverwertungsfertigkeiten entfaltete, denen wir in Asien und Afrika begegnen und die auch Teil unserer eigenen Tradition der Drahtflechter, Kesselflicker, Flickschuster und Störschneider sind.

Worum es mir geht, ist die Differenzierung zwischen gutem Pfusch und schlechtem Pfusch, zwischen schönem und hässlichem, würdevollem und beleidigendem Pfusch, kurz zwischen einer durchdachten und haltbaren nichtfachmännischen Arbeit und einer, die nur scheinbar Nutzen bringt, in Wahrheit aber den Schaden vertieft.

Wer alte Möbel restauriert, kann viel über solche Unterschiede herausfinden. Sie haben Reparaturversuche hinter sich, von denen manche erhaltenswert sind, andere aber das Überleben des Stücks gefährden. Wer beispielsweise bei einer Reparatur in Holz einfache Drahtstifte (der Laie sagt »Nägel« zu ihnen, aber Nägel sind geschmiedet) oder Schrauben aus Eisen verwendet, richtet Schaden an, denn diese rosten und zerstören nicht nur sich selbst, sondern auch das Holz in ihrer Umgebung.

Aber die Teekanne mit dem zerbrochenen Schnabel, der durch eine kunstvolle Bandage aus Kupferblech ergänzt ist, die Tonschüssel, deren Sprung gekittet und mit einer durch kleine Bohrlöcher geführten Drahtnaht stabilisiert wurde, der Tisch mit dem eingeleimten Bein, die neu verdübelte Armlehne des Sessels?

Marx hat vom Fetischcharakter der Waren im Kapitalismus gesprochen. Er hatte das kärgliche Wissen seiner Zeit um die Religionen der schriftlosen Kulturen, die als Fetischismus und Animismus im kolonialistischen Denken erscheinen. Werden da Dinge angebetet und wie Götter verehrt?

Wer versucht, die animistischen Kulturen in ihrer Struktur zu verstehen (ein Vordenker ist hier Claude Lévi-Strauss gewesen), der erkennt anderes und viel mehr. Der Dünkel von Juden, Christen und Mohammedanern über die Götzenanbeter gehört in den Bereich des kannibalischen Narzissmus. Sie werten angesichts der Animisten ihre eigene Gefährdung ab, dass ihr Glaube leer und formelhaft wird, dass er sie nicht mehr inspiriert und ihr Bild der Welt jede Spiritualität verliert.

Für den Animisten ist Spiritualität näher und gegenwärtiger, aber auch emotionaler und stärker in Beziehungen zu Lebenden und Toten eingebunden. Natürlich weiß er, dass die Ahnenfigur, die er schnitzt, ein Stück Holz ist, aber sie ist auch der Vater. Wenn er sie mit Palmwein oder Hühnerblut ehrt, dann ehrt er den Ahnen; dieser wird ihn unterstützen. Wenn der Ahnengeist das nicht genügend tut, kann er die Figur prügeln oder einen Nagel in sie schlagen, um sie an ihre Pflicht zu erinnern.

Die Götter der Animisten sind menschlicher als unsere, man kann sie auch strafen, wenn sie nicht genügend leisten. Es gibt keinen gedruckten Kodex, keine theologische Zunft, nicht Kirche, nicht Tempel oder Moschee. Nur Menschen, Eindrücke, Gefühle, Einsichten, Erinnerungen und Dinge, die das alles verbinden.

So ausgerüstet, können wir den Pfusch einem animistischen, die fachmännische Arbeit einem hierarchischen oder autoritären Denken zuordnen. Das Übermaß des ersten führt ins Chaos, das Übermaß des zweiten in die Starre. Wer unter der Engstirnigkeit des Autoritären lange genug gelitten hat, begeistert sich für die Anarchie; wem die Anarchie zu chaotisch wird, der ruft nach den Segnungen der Disziplin.

Wir leben heute in einem extrem sicheren und extrem autoritären System. Wir haben die Anarchie abgespalten, in die Phantasiewelten der Computerspiele und der Vorabendserien verlegt, wo nach Herzenslust Gesetze gebrochen und Emotionen ausgelebt werden, die den Konsumenten für seinen ereignislosen Tag entschädigen. Er ist zu erschöpft von seiner Langeweile, um mehr zu tun, als die Animation aus der Konserve in sich hineinzuschütten wie Dosenbier.

Die auf Dinge bezogene, an Dingen abgearbeitete Bastel-Anarchie hingegen ist unsterblich und wird aufblühen, wenn uns für die Bildschirmwelten die Energie ausgeht.

Sicherheit und Komfort

Der Kulturfortschritt beruht darauf, dass Menschen große Mühe auf sich nehmen, um sich Mühe zu ersparen. Diese Paradoxie ist schon in der klassischen Geschichte vom neapolitanischen Fischer auf den Punkt gebracht: Warum er nicht arbeite, sondern in der Sonne liege, wo doch bestes Wetter für den Fischfang sei?

»Heute habe ich schon gegessen!«

Der Gast aus dem Norden erklärt nun, wie gefährlich es sei, von der Hand in den Mund zu leben, und malt eine unternehmerische Karriere aus – Produktion von Mehrwert, Anhäufung, Erwerb von Produktionsmitteln, genauer: einem großen Boot, auf dem andere für ihn fischen.

Der Fischer: »Und was soll ich tun, wenn ich ein erfolgreicher Unternehmer bin und andere für mich arbeiten?«

Der Gast: »Dann kannst du dich in die Sonne legen und faulenzen!«

In der Anekdote gewinnt der Fischer, »warum so lange warten?« sagt er und schiebt den Strohhut wieder über sein Gesicht.

In der Realität hat sich die Lage anders entwickelt. Das Lustprinzip bestimmt den Menschen nicht, obwohl es ihn entzückt. Auch Neapel ist eine Industriestadt geworden. Das Sicherheitsprinzip ist stärker als Lustprinzip und Realitätsprinzip zusammen. Es verspricht: Dann wirst du *sicher* in der Sonne liegen, denn du weißt, dass du auch zu essen hast, wenn du nicht mehr arbeiten kannst.

Das Sicherheitsprinzip trägt zum Dummwerden der Dinge bei. Wenn ich ein Dosengericht aufwärme, bin ich sicher, dass etwas Essbares entsteht – die Reklame für solche Fertigware, welche die Zunge verdummt und den Geist verkleistert, spielt oft mit Bildern von aufwendig gekochtem Essen, Liebespaaren und glücklichen Familien: Nes-Emotionen, kurz mit heißem Wasser verrührt, fertig, vom echten Produkt nicht zu unterscheiden.

Wenn ich mit der → Säge arbeite, nicht mit der Axt, mit dem → Rasenmäher, nicht mit der Sense, gewinne ich, gerade wenn ich ungeübt bin und wenig Zeit einsetzen will, um zu lernen, größere Sicherheit über das Ergebnis.

Normierung bietet Sicherheit und zerstört Möglichkeiten. Die Menschwerdung beginnt mit Normierungen, mit Sprache und Schrift. Wer ein Kleinkind beim Sprechenlernen beobachtet, erkennt die Unterdrückungsprozesse, die notwendig sind, um aus der bunten Vielfalt der gebrummten, gezischten, gerollten Laute die Kombinationen einzuüben, welche die Normen der Sprache erfüllen. Was die Schriftsprache mit der Dialektvielfalt macht, wissen wir. In der Baukunst erinnern wir uns an Urhäuser, ganz aus dem gemacht, was am Ort vorgefunden wird – Blockhaus, Wigwam, Tipi. In neolithischen Bauten wurde mit weitgehend unbehauenen Steinen experimentiert; die Mauern waren polygonal. Der Fortschritt, durchaus parallel zur Verschriftlichung, sind die rechteckigen Quadern – unendlich praktisch und doch dumme Dinge, die dem Maurer wie dem Steinmetzen Routine aufzwingen, wenn wir sie mit dem organischen Wachstum einer Natursteinmauer oder den polygonalen Mauern der Inka und der mykenischen Griechen vergleichen. → Haus

Immer wird uns Sicherheit gegeben und Kreativität genommen; der Künstler macht diesen Prozess rückgängig, er gibt Normierungen und damit Sicherheiten auf und gewinnt dadurch Raum für Kreativität. Dazu gehört die Bereitschaft, auf sicheren Erwerb und den Erwerb der Sicherheit zu verzichten.

Der Erfinder, der den Ungeschickten, Übungsunwilligen, Komfortbedürftigen, aber auch den Erschöpften, den von Zeitnot Geplagten Arbeit erspart und Lernmöglichkeiten raubt, baut in den Lebensprozess eine Sperrklinke ein. Wenn das Rad erfunden ist, wird der Schlitten für immer plump wirken und nur dort, wo die Entfernungen gering sind oder Schnee und Eis den

Boden bedecken, ein Refugium finden. Wer mit steifem Rücken und lahmen Armen von der Holzarbeit aufblickt und sieht, wie das Schwert einer Kettensäge durch einen Stamm fährt, wird nie wieder so sägen wie zuvor: Aus einer unausweichlichen Mühe ist die seine zu einer vermeidbaren Plage geworden.

Die Komfortschritte beuten die Sicherheitsbedürfnisse aus. Es ist mühsam, den falschen Weg zu erkennen, in den sie uns führen. Es geht darum, echte, langfristige Sicherheit, die durch eine Entwicklung unserer Fähigkeiten und einen schonenden Umgang mit Ressourcen entsteht, von einer kurzfristigen Sicherheit zu unterscheiden, die wir uns durch Verleugnung von Folgelasten zurechtlegen.

Hochgerüsteter Konsum

Die Politik der Dinge in der Konsumgesellschaft hängt mit der globalisierten Nachfrage zusammen; diese wiederum wird durch die Fortsetzung nationalistischer Eroberungspläne mit anderen Mitteln geprägt. Besonders deutlich wurde diese Situation in der japanischen Industrie, die zum Modell für ganz Ostasien wurde. Nach dem Krieg stand ein Volk von Siegern, von Eroberern, dessen Dünkel an allen Küsten des Pazifiks gefürchtet war, vor einer militärischen Niederlage, die vernichtender nicht sein konnte und dazu führte, die gesamte Rüstungsindustrie zu ächten. Es war eine Industrie, die binnen weniger Jahrzehnte den Vorsprung der westlichen Industrieländer eingeholt hatte. Jetzt mussten Konstrukteure und Arbeiter neue Wege finden oder untergehen.

Die Japaner übertrugen die Prinzipien der Rüstungsindustrie auf die Konsumgüterproduktion und überwältigten weite Teile der Wirtschaft ihrer Wettbewerber. Einige Jahre lang blickten die

Festredner der deutschen optischen Industrie vom hohen Ross ihrer traditionsreichen Marken (Contax, Leica, Rolleiflex) auf die japanischen »Billigkopien« ihrer Ferngläser und Fotoapparate. Ehe sie sich besonnen hatten, waren sie erledigt. Der Weltmarkt gehörte Japan, in der Optik, in der Feinmechanik, in vielen Bereichen der Elektronik. Und wo er Japan nicht gehörte, haben das Japans Konkurrenten nur dadurch verhindern können, dass sie sich bemühten, Japan zu gleichen. Inzwischen übertreffen einige der jungen Tiger bereits ihren ehrwürdigen Lehrmeister, den Alterserscheinungen plagen.

Die Entwicklung, die damals begann, prägt heute fast alle Konsumgüter. Selbst wo der Markt nicht von Japan bestimmt ist, wirkt er doch japanisiert. Militärische Grundsätze wirken auf die Konsumgüterproduktion. Das eigene, »veraltete« Produkt wird sozusagen zum Feind. Während die Europäer diese Entwicklung zunächst nur im Bereich der Rüstung energisch betrieben, aber im Bereich der Konsumgüter bis in die sechziger Jahre auf das Traditionsbewusstsein und den konservativen Geschmack ihrer Kunden setzten, läuft diese neue Entwicklung darauf hinaus, durch immer luxuriösere Modelle die Konsumenten zu verwöhnen, sie süchtig zu machen, ihre Abhängigkeit zu steigern.

Der Grenznutzen

In solchen Innovationen ist die Denkfigur vom Grenznutzen bedeutungsvoll. Ein einfaches Beispiel: Wer ein normales Fahrrad schneller machen will, kann Gewicht und Rollwiderstand durch den Einbau von Spezialteilen vermindern. Dabei hat die erste Investition bei Weitem den höchsten Wirkungsgrad. Wer 1 000 Euro in seinen Renner steckt, macht einen viel größeren

Schritt, als ihn ihm die nächsten 10 000 Euro ermöglichen. Um den Nutzen zu steigern, werden immer höhere Einsätze benötigt, um immer geringere Fortschritte zu erzielen.

Wer ein Rad von den üblichen 14 auf zehn Kilo Gewicht bringen will, muss vielleicht 1 000 Euro in spezielle Leichtbauweise investieren. Um dann aber von zehn auf neun Kilo zu kommen, wird er wahrscheinlich mehr aufwenden, als ihn die Gewichtsersparnis von 14 auf zehn gekostet hat. Bald bewegt er sich in einem Grenzbereich, in dem ihn zehn Gramm soviel kosten wie anfangs ein Kilo.

In zwei Bereichen hat der Grenznutzen die Konstrukteure nicht zum Stillhalten gebracht: Im Krieg und in der Medizin. Hier geht es um Leben oder Tod, auch der kleinste Vorteil wird für unschätzbar gehalten. Da sowohl der Krieg wie die Medizin im 19. Jahrhundert verwissenschaftlicht wurden, spielt sich auch die Produktion wissenschaftlicher Geräte – immer perfekterer Mikroskope und Teleskope etwa – in der Zone des Grenznutzens ab. Später trat der »zivile Krieg« des sportlichen Wettbewerbs als Auftraggeber hinzu.

Wenn die gesamte Produktion sich gewissermaßen auf Kriegszustand einstellt, gewinnt sie gegenüber anderen Produzenten einen kurzfristigen Vorteil, dessen langfristige Nachteile erst später bemerkbar werden. Im Krieg sind viele – manche denken alle – Mittel erlaubt, den Feind zu schädigen. Er erzieht zur Rücksichtslosigkeit gegenüber den Ressourcen und zur Schamlosigkeit, mit der Zwecke die Mittel heiligen.

Ein simples Beispiel für eine solche Technik ist die Zeitmessung durch Quarzuhren. Mithilfe einer am Grenznutzen orientierten Produktgestaltung (für unseren Alltag reicht die Genauigkeit mechanischer Uhren völlig aus) wurde die Uhrenindustrie in Europa zerstört. Der Zwang zum Batteriewechsel und die Reparaturuntauglichkeit der Quarzuhren spielten keine Rolle.

Die Militarisierung in der Konsumgüterproduktion führt zu sehr widersprüchlichen, gelegentlich absurd anmutenden Konsequenzen. Beispielsweise werden heute für hochwertige Fahrräder Schnellspannnaben angeboten. Sie sind für Rennsportler sinnvoll, die ein defektes Rad rasch auswechseln müssen. Heute werden solche Naben in Räder eingebaut, die keinen schnellen Radwechsel brauchen und an einer Straßenlaterne lehnen. Die Schnellspanner erfreuen in dieser Situation die Diebe, welche mit einem Griff ein teures Laufrad mitnehmen können. So wurde eine Schnellspannnabe entwickelt, die mit einem Schlüssel versperrt werden kann; sie entspricht funktional wieder den Naben, die mit zwei Schrauben gehalten werden.

Von ähnlicher Absurdität ist das schwere Bügelschloss, welches der Käufer des leichten Sportrades benötigt, um Diebe abzuhalten. Die »Lösung« liegt natürlich im Fahrradsperrsystem, das mithilfe von Titanlegierungen an neue Grenzen von Stabilität und Leichtigkeit vordringt.

Wir bräuchten Güter, die unseren kritischen Bezug zur Wirklichkeit verbessern, die uns vernünftige Verhältnisse zwischen Aufwand und Ertrag sinnfällig machen. Aber wir haben Güter, die uns Verschwendung, Sucht nach maximaler Bequemlichkeit, Angst vor Anstrengung und Größenphantasien jeder Art beibringen.

Wer Konsumgüter von 1956 mit denen der Gegenwart vergleicht, findet, was die Qualität angeht, ebenso viele Rückschritte wie Fortschritte. Was »neu« ist, ist die verwirrende Vielfalt, die technische Extravaganz, sind Belege für den Vorstoß der Ware in eine Zone, in der sie der Konsument nicht mehr erfassen, durchschauen, reparieren und zu hundert Prozent nutzen kann. Die typische Ware des Grenznutzens wird wie ein Ferrari gekauft. Es ist unwahrscheinlich, dass der Käufer sie irgendwann in seinem Leben »ausfahren« wird.

Obwohl ich bei meinem alten Schreibprogramm nur zehn Prozent dessen nutze, was es kann, drängt mir die Entwicklung ein neues auf, von dem ich höchstens noch zwei Prozent seiner eingebauten Fertigkeiten und Schriftformen verwenden werde. Der Rest ist für meine Arbeit überflüssig, ich zahle ihn, aber ich brauche ihn nicht. Wenn nicht Redakteure anrufen würden, dass sich mein altes System nicht mit ihrem neuen verträgt, würde ich ohnehin beim alten bleiben.

Die modernen Konsumgüter werden immer komfortabler. Sie sind idiotensicher, nehmen uns alles ab. Die Funkuhr muss nicht einmal mehr auf die Sommerzeit gestellt werden. Der Fotoapparat macht alles automatisch, jedes Bild lässt sich wieder löschen, sorgfältige Vorbereitung, Erfahrungswissen über Blende, Tiefenschärfe, Belichtungszeit sind völlig unnötig. Wer sich da früher nicht auskannte, wurde durch schlechte Bilder bestraft – heute sind sie keine Strafe mehr, da sie nichts kosten. Wer ein Navi hat, muss keinen Stadtplan mehr lesen können.

Viele Geräte können so viel, dass die Nutzer den Überblick verlieren. Bei einer britischen Firma ergab eine Untersuchung, dass die Hälfte der als defekt eingeschickten Videokameras völlig in Ordnung waren; die Kunden hatten nur die Anleitung nicht verstanden. Seit vielen Jahren erfüllen Rasierer nach dem Urteil unabhängiger Tester ihren Zweck perfekt. Dennoch werden jedes Jahr »bessere« Modelle angeboten, mit Millionenaufwand vermarktet und auch gekauft.

Sehr vereinfacht, lässt sich die Entwicklung der dummen und der klugen Dinge in ein Dreierschema fassen:

1. Es gibt keine Meisterdinge. Jeder Jäger schnitzt sich Bogen und Pfeile selbst, weiß, wie man Darmsaiten dreht und Jagdgifte macht. Ebenso weiß jede Sammlerin, welche Hölzer für ihren Grabstock, welche Fasern für den Tragekorb geeignet sind. Meisterwissen wird ohne Meister tradiert, jeder ist Meister, jedem ist jede Tätigkeit zugänglich, es gibt keinen Beruf.

2. Die bemerkenswerten, »gut gemachten« Dinge haben einen eindeutigen Meister oder eine Zunft solcher Meister. Dieser beherrscht ihre Herstellung. Wer mit diesen Dingen umgeht, hat mit dem Meister zu tun, kann von ihm alles über die Herstellung und Reparatur dieser Dinge erfahren und so das Wissen des Meisters für sich selbst fruchtbar machen.

3. Die Dinge sind so komplex geworden, dass sie keinen Meister mehr haben, sondern aus einer Organisation kommen, die weder von dem Kunden noch von dem Repräsentanten dieser Organisation durchschaut werden kann. Wer diese Dinge erwirbt, spricht mit einer anderen Abteilung als jemand, der sie repariert haben will. Beide Abteilungen wissen wenig voneinander und geben unterschiedliche Auskünfte. Wer die Dinge durchschauen will, hat keinen Ansprechpartner mehr. Keiner der Angestellten, mit denen er zu tun hat, wird über sein Spezialgebiet hinaus denken und sich für seine Fragen interessieren.

In der letzten Phase ist es schwierig geworden, von den Dingen zu lernen. Sie haben Funktionen, aber keine Botschaft. »Was wird mit meinem defekten XXX geschehen?« »Was ist eigentlich kaputtgegangen?« »Was kann ich aus dem Defekt lernen?« »Ich schreibe nur den Schaden auf, den Rest macht die entsprechende Abteilung, die haben die nötigen Geräte!«

Wenn wir aus einem großen Haufen beispielsweise zwanzig Trinkschalen oder Äxte herausholen, kann jeder Laie eine Rangreihe bilden. Dinge, die sich besser anfühlen, die besser aussehen und besser gemacht wirken, sind auch besser. Nehmen wir zwanzig Quartzuhren, Faxgeräte oder Notebooks: Die Dinge wirken alle sehr ähnlich, ihre Qualitätsunterschiede kann nur ein Spezialist mit entsprechenden Geräten herausfinden.

Bedächtig oder durchdacht

Bedächtig ist ein treffendes Wort, um den klugen Umgang mit Dingen zu beschreiben. Es geht um eine Haltung, in der ich ständig aus meinen eigenen Bewegungen im Arbeitsfeld lerne und versuche, mit weniger Kraftaufwand mehr zu erreichen. Durchdacht ist eine Struktur, in der alles genau geplant ist und es vor allem darum geht, Vorgaben zu erfüllen. Durchdacht ist eine autoritäre Kategorie, in der sich Macht ausspricht. Bedächtig ist eine Vorgehensweise, in der ich ständig aus den Rückmeldungen lerne, die ich für meine eigenen Aktivitäten erhalte.

»Was auch immer du tust, tue es klug und achte auf das Ziel«[5], sagt das Sprichwort der Römer. Bedächtiges Vorgehen beginnt mit der Vorbereitung: Habe ich Zeit, Mittel und Werkzeuge, um zum Ziel zu kommen? Bedächtigkeit ist das Herz einer Professionalität, in der es darum geht, den ökonomisch besten Weg zu

---

[5] Quidquid agis, prudenter agas et respice finem.

einem Ziel zu finden und nichts zu vergeuden. Zugleich ist Bedächtigkeit auch eine Art, den Weg ins Ungewisse so zu gestalten, dass die Gefahren möglichst gering bleiben, sich zu verrennen, mehr Schaden als Nutzen zu stiften.

Dem Anfänger scheint es Zeitverschwendung, alle Werkzeuge an ihren Platz zu räumen und den Boden zu fegen. Er will alle Zeit, die er hat, in Erfolge investieren, hält seine Hast vielleicht sogar für besonders zielstrebig. Vielleicht lernt er die »Zeitverschwendung« des Meisters würdigen, wenn er ein zu Boden gefallenes Teil im liegen gebliebenen Abfall nicht mehr findet und seine Arbeit unterbrechen muss.

Bei allen Formen körperlicher und gefährlicher Arbeit schützt bedächtiges Vorgehen vor Unfällen und körperlicher Überlastung. Wer bedächtig arbeitet, nimmt den eigenen körperlichen Zustand wahr und achtet darauf, sich nicht zu überfordern. Er arbeitet möglichst selten in einem Tempo, bei dem er außer Atem kommt und eine Verschnaufpause braucht, weil in solchen Momenten oft die Aufmerksamkeit nachlässt und Unfälle auftreten. Er arbeitet nicht über eine Schmerzgrenze hinweg, in der Illusion, dass der Körper sich bei der nächsten Erholungspause regeneriert. Rückenschmerzen und traumatische Entzündungen der Verbindung Knochen-Sehne-Muskel (»Tennisellenbogen«) ergeben sich fast immer aus *unbedachtem* Vorgehen. Fachleute sprechen von einer *unphysiologischen*, das heißt den guten Funktionen des Organismus zuwiderlaufenden Beanspruchung des Bewegungsapparats.

Es ist eine Freude, einem bedächtig arbeitenden Handwerker zuzusehen. Ein Griff ergibt sich aus dem anderen, nichts geschieht übereilt, Zug um Zug wird die Sache weitergebracht, der Meister gerät nie außer Atem und macht sich erst an den nächsten Schritt, wenn der vorangehende zufriedenstellend abgeschlossen ist. Er setzt nicht auf den Lack, der die Fehler in der Konstruktion übertüncht, nicht auf den Mörtel, der Mauersteine festhält, auch wenn sie nicht an den rechten Platz gesetzt sind.

In dem melancholischen Film *Das Brot des Bäckers*[6] von Erwin Keusch (1976) gibt es eine Szene, in der die Bedächtigkeit des Meisters (noch) über die Hast des Lehrlings triumphiert. In einen Kuchenteig müssen Eier geschlagen werden. Der Lehrling teilt die Eier über einer scharfen Kante, kippt den Inhalt in den Teig und wirft die Schalen in den Abfall. Der Meister tritt hinzu. Er schüttelt missbilligend den Kopf, bricht ein Ei und gewinnt mit zwei genau abgemessenen Bewegungen auch das Material, das an der Innenseite der Schalen klebt.

In vielen komplexen Aufgabengebieten ist Hast ein Ausdruck der Unsicherheit und der erste Schritt zur Resignation.

---

[6] Der Film erzählt die Erfahrungen und Nöte des Bäckerlehrlings Werner, welcher das Handwerk in der familiär geführten Bäckerei Baum lernt. Bald gerät die Bäckerei in Schwierigkeiten, nachdem in der Nachbarschaft ein Supermarkt öffnet, der die Bäckerei in einen Preiskrieg verwickelt. Der Bäcker beschließt nach einiger Zeit, sich an die Herausforderung des Supermarkts anzupassen. Er automatisiert seine Backvorgänge und kauft hierfür neue Maschinen auf Kredit. Der Lehrling, der mittlerweile die Gesellenprüfung absolviert hat, tritt widerstrebend eine neue Stelle in einer Großbäckerei an. Nach einiger Zeit arbeitet der Bäckermeister allein in der Backstube. Der finanzielle Erfolg stellt sich nicht ein. Als der Bäcker einsieht, dass er nicht auf Dauer gegen den Supermarkt konkurrieren kann, dringt er nachts in den Supermarkt ein, verwüstet die Brotabteilung und lässt sich von der Polizei festnehmen. Ein Angebot des ihm bekannten Polizisten, sich auf Trunkenheit zu berufen, lehnt er ab. Seine berufliche Karriere ist nicht mehr zu retten. Der Sohn des Bäckers findet zusammen mit den anderen Gesellen eine Lösung: Die Bäckerei spezialisiert sich auf die Brotsorten, die der Supermarkt nicht bietet. Damit ist die Bäckerei doch noch zu halten und auch der ausgeschiedene frühere Lehrling kann wieder angestellt werden (aus: Wikipedia, abgerufen 22.11.2014).

Wenn ich den schnellen Erfolg, die sofortige Bestätigung nicht habe, dann sehe ich keine Chance und möchte aufgeben. Das bedächtige Vorgehen hingegen wird Widerstände der Aufgabe einbeziehen und versuchen, aus ihnen zu lernen. In dem schönen Motto Wilhelms von Oranien ist es auf die Spitze getrieben: »Ich brauche nicht die Hoffnung, um zu beginnen, noch den Erfolg, um fortzufahren!«

Wer von sich überzeugt ist, etwas perfekt durchdacht zu haben und es entsprechend zu beherrschen, erlebt im Scheitern einen Bruch in seinem Selbstgefühl. Er bleibt verunsichert auf der Strecke und hat Mühe zu verstehen, was geschehen ist.

Bedächtiges Vorgehen hingegen akzeptiert die Unsicherheit des Gelingens. Damit setzt es auch Kreativität frei und entwickelt Fähigkeiten, aus dem eigenen Ausprobieren zu lernen. Von Anna Freud wollten angehende Psychotherapeuten wissen, wie sie sich in dem wenig festlegbaren Gebiet der Kinderanalyse orientieren sollten. Die Antwort ist eine klassische Aufforderung zu bedächtigem Vorgehen: »Sie können alles machen, nur müssen Sie wissen, was Sie tun!«

Lob der Hand-Arbeit

Die freiwillige, selbst gesteuerte, von wohlmeinenden und kundigen Eltern dem Kind auferlegte Handarbeit ist ein unverzichtbares Mittel, unseren Kontakt mit der Wirklichkeit zu verbessern, unsere Triebenergie in konstruktive Bahnen zu lenken und unsere Persönlichkeit zu entwickeln. Niemand wird das Ende entfremdeter, die natürlichen Ressourcen des Körpers und seine Regeneration schädigender Arbeit beklagen. Aber die Gleichsetzung aller Formen von Handarbeit ist nicht nur töricht, sondern auch gefährlich. Sie übersieht, dass der Mensch ein gewisses Maß an körperlicher Anstrengung braucht, um gesund zu bleiben. Sie beachtet nicht, dass für den Künstler der Widerstand der Materie ein ganz wesentlicher Anstoß von Kreativität ist.

Wer den Verlust des Handwerkens in einen Gewinn umlügt, übersieht nicht nur, wie hässlich die meisten ex-und-hopp-Produkte der Automatisierungen sind. Er leugnet auch, dass Handarbeit ein Segen ist, der den bildschirmabhängigen Kopfwerker vor Haltungsschäden und Kreislaufschwäche bewahrt. Technische Lösungen, die Handarbeit erhalten und üben, sind meist klüger als jene, die danach streben, sie komplett zu ersetzen und es als Fortschritt ausgeben, wenn die Automatik besser und schneller schaltet als der Fahrer. Handarbeit ist es, die im guten Fall Körper und Geist erfüllt und befriedigt – vor allem der Wechsel von Hand- und Kopfarbeit, bei dem die Kopfarbeit Ausruhen von der körperlichen Belastung bietet, die Handarbeit Regeneration von der einseitigen Konzentration und das menschliche Lebenselixier der Bewegung. Das Leben eines Primaten besteht aus Bewegung. Wir sind nicht zum Sitzen geboren, sondern zur Tätigkeit, zum Sammeln und Jagen, zum Basteln und Probieren.

Der amerikanische Philosoph Richard Sennett veröffentlichte 2008 ein Buch mit dem Titel *Handwerk*, das an vielen Stellen zu ähnlichen Ergebnissen kommt wie die von mir bereits um 1990 begonnene Arbeit über die »Dummen Dinge«. Sennett beklagt, dass sich Akademiker in der Regel zu wenig auf die Welt der Dinge und die Bedeutung der Hände für den Kopf einlassen. Als junger Mann, sagt er, habe er diese Position gegenüber seiner Lehrerin Hannah Arendt noch nicht zu vertreten gewusst. Inzwischen sei ihm klar geworden, »dass die Menschen durch die von ihnen hergestellten Dinge etwas über sich selbst lernen können.«[7]

Das handwerkliche Ethos guter Arbeit geht nicht allein dann verloren, wenn Menschen Maschinen zuarbeiten müssen und sich selbst auf einige immer gleiche Handgriffe reduziert sehen. Diese bereits von Karl Marx beklagten Entfremdungen der Arbeit in der Fabrik sind heute durch die Automatisierung aus den reichen Industrieländern verschwunden. Sie plagen jetzt die Entwicklungsländer.

Einer von Sennetts Gewährsleuten ist der englische Autor John Ruskin, der in seinem Hauptwerk *The Stones of Venice* (Die Steine von Venedig) unermüdlich das Handwerk gegen die Gleichförmigkeit maschineller Produktionen in Schutz zu nehmen sucht. »Maschinen sind defekt, wenn sie die Kontrolle verlieren, Menschen dagegen machen Entdeckungen und stolpern über glückliche Zufälle.«[8]

Zur Postmoderne gehört die Gleichzeitigkeit von fast allem – es gibt den handwerklichen Familienbetrieb neben der Fließbandarbeit, die Ich-AG neben dem Großraumbüro. Wie der Zwang des Kapitals die Kapitalisten unterwirft – sie müssen es vermehren oder untergehen – so hat die Konkurrenz um eine immer bessere Ausbeutung menschlicher Neigungen zur Bequemlichkeit und zur Größenphantasie die menschliche Intelligenz dazu gebracht, möglichst viele Maschinen zu erfinden, die Hand, Kopf und Geist lähmen.

---

[7] Richard Sennett: Handwerk, Berlin 2009, S. 18

[8] Richard Sennett: Handwerk, Berlin 2009, S. 155

Wer Produktentwicklungen verfolgt, erkennt zwei Götzen, denen sie sich unterwerfen: Zeitersparnis und Atrophie von Muskulatur und Sinnestätigkeit. Dieser Raub an Lebenswichtigem wird durch das Versprechen legitimiert, wir hätten durch diese Erleichterungen »Zeit gewonnen«. Gesunde Menschen werden so lange wie Behinderte behandelt, bis sie tatsächlich behindert sind. Wer lernt, ein Auto zu schalten, braucht kein Automatikgetriebe; er gewinnt dieser Tätigkeit oft das Gefühl eines engeren Kontakts zu seinem Fahrzeug ab. Wer aber von Anfang an das Fahren mithilfe eines automatischen Getriebes erlernt, findet es »gefährlich«, zu dem handgeschalteten Auto zurückzukehren. Der Schaltvorgang strengt ihn an, lenkt ihn ab, ist unbequem.

Wer erst einmal anfängt, diese manuellen Beraubungen zu erforschen, findet viele Beispiele. Es ist eine gute Übung von Aufmerksamkeit und Konzentration, ein Steuer kurz loszulassen, um etwas anderes zu erledigen. Aber die technische Entwicklung sucht nach Lösungen, die solche Übungen unterbinden. Bei den alten Flinten musste ein Hahn gespannt und dann der Abzug betätigt werden; bei den neuen geht das automatisch. Den alten Abzug konnte der Jäger meist selbst einstellen und reparieren; beim neuen ist das Spezialistensache.

Bei den frühen Schaltungen am Fahrrad musste man den Lenker loslassen, um den Gang zu wechseln; heute sind die entsprechenden Hebel als Drehgriffe oder Hebelchen am Lenker angelegt, was technisch störanfälliger und teurer ist. Die Handkurbel, um ein Auto anzuwerfen, der Trethebel, mit dem ein Motorrad gestartet werden kann – sie alle wurden durch »bequemere« Lösungen ersetzt, die uns nicht nur einer Möglichkeit zur körperlichen Tätigkeit berauben, sondern Rohstoffe vergeuden und uns von störanfälligen Energiequellen abhängig machen.

Die Konstrukteure rechtfertigen das damit, dass *der Markt* über solche Fragen entscheidet. Abgesehen davon, dass sich mit diesem Argument auch der Verkauf von Heroin rechtfertigen lässt, entscheidet sich der Markt nur so lange für den Raubbau an natürlichen Rohstoffen und menschlicher Gesundheit, wie die Folgen dieser Entscheidungen nicht umsichtig dem Produzenten aufgebürdet, sondern von einer Allgemeinheit getragen werden, welche die langfristigen Folgen dieses Wachstumswahns von Konsum und Komfort nicht oder zu spät erkennt.

Handwerk ist Hingabe an eine Sache um ihrer selbst willen. Wer eine Fertigkeit übt, wird in der Regel nur den Beginn mühsam finden. Je besser er beispielsweise ein Musikinstrument beherrscht, desto mehr Freude macht es ihm, damit zu üben und noch besser zu werden. Die Übung des eigenen Könnens ist immer Schwankungen unterworfen; es gibt gute und schlechte Tage, es fließt oder stockt. Gerade aus diesen Schwankungen lernt der Handwerker, die eigene Tätigkeit genauer wahrzunehmen.

Was Sennett Handwerk nennt, habe ich in früheren Arbeiten als professionelle Entwicklung[9] beschrieben. Je mehr es dem Künstler, dem Arzt, dem Lehrer oder Anwalt gelingt, seine Tätigkeit geistig zu besetzen, sie um ihrer selbst willen zu leisten, sich in ihr wahrzunehmen und zu entwickeln, desto weniger ist er von jenen Formen einer beruflich geprägten Depression beeinträchtigt, die unter dem Begriff des *Burnout* inzwischen zu einer Modekrankheit geworden sind. Ich zitiere abschließend noch einmal Sennett:

---

[9] Wolfgang Schmidbauer: Helfersyndrom und Burnoutgefahr, München 2002

»Ausdrücke wie ›handwerkliche Fertigkeiten‹ oder ›handwerkliche Orientierung‹ lassen vielleicht an eine Lebensweise denken, die mit der Entstehung der Industriegesellschaft verschwunden ist. Doch das wäre falsch. Sie verweisen auf ein dauerhaftes menschliches Grundbestreben: den Wunsch, eine Arbeit um ihrer selbst willen gut zu machen. Und sie beschränken sich keineswegs auf den Bereich qualifizierter manueller Tätigkeiten. Fertigkeiten und Orientierungen dieser Art finden sich auch bei Programmierern, Ärzten und Künstlern.«[10]

Haltgebende Umwelten

Der Angehörige einer traditionellen Kultur wird nicht durch sein moralisches Urteil, seinen kategorischen Imperativ oder seine Einsicht in Ökobilanzen motiviert, so zu leben, wie es für das Überleben der Menschheit optimal ist, sondern durch die Umwelt, in der er existiert und die ihn jeden Tag in einem Zug belehrt und zwingt. *Wir müssen lernen, Lebensumstände künstlich herzustellen, die in ähnlicher Weise unser Überleben ermöglichen und unsere Beziehung zur Umwelt stabilisieren.*

Wer mit Computern arbeiten lernt, begegnet der Verweigerung der Annäherung. Der Computer reagiert perfekt auf den exakten Befehl, ebenso wie beispielsweise ein selbst gebastelter Tisch perfekt aussieht, wenn alle Teile genau dem Plan entsprechen. Aber wenn nur eine winzige Kleinigkeit in dem Befehl an den Computer falsch ist, ist das Ergebnis nicht besser als bei einer komplett verkehrten Eingabe. Der Tisch hingegen wird immer noch passabel aussehen, auch wenn einige Teile nicht so exakt

---

[10] Richard Sennett: Handwerk, Berlin 2009, S. 19

zugeschnitten sind wie andere. Die traditionelle Technik ermutigt Entwicklungen und duldet Annäherungen; die elektronisch gesteuerte fordert Perfektion und lässt überall dort resignieren, wo diese nicht zugänglich ist.

Fassen wir die Kraftmaschine der African Queen ins Auge. Ihre Geschichte hat John Houston 1951 in einem Film mit Humphrey Bogart und Katharine Hepburn erzählt. Die African Queen ist ein kleines hölzernes Dampfboot, das auf einem Fluss in Afrika Menschen und Güter transportiert, bis es in die Kriegswirren von 1914 gerät und gegen ein deutsches Kriegsschiff kämpfen muss.

Die Dampfmaschine an Bord nimmt dem Kapitän nicht nur körperliche Arbeit ab. Sie fordert auch ständige geistige Auseinandersetzung. Der Skipper muss in den Kategorien seiner Maschine denken, muss wissen, wie viel Holz der Kessel braucht, wann und wo Wasser und Schmieröl nötig sind. So geübt, ist der Maschinist nicht nur in der Lage, die verbogene Antriebswelle auszubauen und sie in einem improvisierten Schmiedefeuer zu reparieren. Er kann auch zwei an Bord befindliche Stahlflaschen mit Sprengstoff füllen und »Torpedos« bauen, die er am Bug befestigt. Die Aufschlagzünder bastelt er aus Holz, Nägeln und ein paar Patronen. So gelingt es ihm wider alle Erwartung, das feindliche Kanonenboot zu versenken.

Eine derart einfache, auf ihre Umwelt bezogene, von ihrem Nutzer durchschaubare Maschine fördert die geistige Kraft ihres Nutzers, wenn wir ihn mit dem Skipper eines Einbaums und eines Paddels vergleichen. Wagt sich aber der Besitzer eines modernen Bootes mit elektronisch gezündetem Außenbordmotor in ähnliche Wildnisse wie die African Queen, dann ist er gut beraten, große Mengen an Treibstoff und möglichst auch einen

Reservemotor mitzunehmen. Er kann die so viel komplizierter gewordene, unter einer gestylten Verkleidung verborgene Maschine geistig nicht durchdringen, sie weist ihn ab, verspricht, ihn zu verwöhnen, und sagt in dem Augenblick gar nichts mehr, in dem sie stillsteht. Sie leistet pro Kilo Gewicht viel mehr als die Dampfmaschine der African Queen, aber sie kann kein anderes Futter annehmen als hochgereinigtes Benzin. Sie steigert die Abhängigkeit des Nutzers entsprechend ihrer Undurchschaubarkeit und den Abhängigkeiten von Treibstoff, Spezialöl, Wartung, Ersatzteilen.

Es fällt schwer, sich einen Widerborst, wie ihn Humphrey Bogart in Houstons African Queen gibt, mit einer so undurchschaubaren Technologie vorzustellen. James Bond versteht keines der Wunderdinge, mit denen er seine Feinde narrt. Der Agent scheint sich darauf auch noch etwas einzubilden. Er macht sich über den Erfinder lustig und teilt mit dem Zuschauer ein angenehmes Gefühl der Überlegenheit über die Sorgen der Konstrukteure um den pfleglichen Umgang mit den Dingen. Bond ist der heroische Konsument. Er kann nichts reparieren; daher wechseln seine Gadgets so schnell wie die Szenen und lösen sich in Explosionen auf.

Die Welt der Dinge ist so unergründlich und vielfältig wie die Welt der Seele. Wer beide verknüpft, begegnet mehr Lücken seines Wissens als Kenntnissen. Diese Wechselwirkungen sind viel komplizierter, als es eine Gegenüberstellung von dummen und klugen Dingen fassen kann. Diese Enzyklopädie ist ein erster Schritt auf einem weiten Weg. Es geht mir nicht um Urteile, sondern um die Wege, auf denen wir sie finden können. Ich übertreibe gelegentlich, um Richtungen zu markieren und Anstöße zu geben. Bisher ist nur wenig über diese Fragen nachgedacht und geforscht worden.

Meine Beispiele orientieren sich an meinen begrenzten Möglichkeiten der Recherche, die sich in beiden Richtungen – jener der Entwicklung der Dinge und jener ihrer mutmaßlichen psychologischen Wirkungen – vertiefen lässt.

Niemand muss einen Psychotherapeuten belehren, wie schwach die Macht der Einsicht gegen die vereinten Kräfte von Bequemlichkeit, Verleugnung und Triebbefriedigung ist. Die Menschheit hat geniale Erfindungen unter dem Diktat kurzfristiger Gewinne ohne Rücksicht auf langfristige und nachhaltige Entwicklungen gemacht. Das Wissen, dass es so nicht weitergeht, ist inzwischen in der Welt und nicht mehr aus ihr herauszudrängen. Aber bis die Gedanken an langfristige Folgen unserer Erfindungen und die Gesetze der nachhaltigen Lösungen wirklich tiefer in unser Bewusstsein eingedrungen sind und Entscheidungen prägen, wird noch Zeit vergehen. Und leider ist Zeit knapp, wenn wir an die vielen Risiken unseres gegenwärtigen Umgangs mit der Umwelt denken.

Die von keiner religiösen Tradition erfasste Tragik der Gegenwart liegt darin, dass technische Werkzeuge und Waren längst ein Eigenleben gewonnen haben. Die Dinge erwehren sich des Glaubens und spotten der Vernunft; sie haben sich zu den Tiefenschichten der menschlichen Triebe durchgefressen und sich so eng mit diesen verbunden, dass allein schon ein Bewusstwerden dieser Situation schmerzt. Daher haben wir eine eigene Konsumvernunft entwickelt, die auf einen Außenstehenden so wirken mag wie die Logik der glücklichen Haremsfrau auf die Feministin.

Die trivialen Vergleiche mit der Sucht erschließen hier doch gute Verständnismöglichkeiten und Umgangsformen. Suchttherapeuten, die ein inneres Gleichgewicht finden, haben sich vom naiven Glauben so weit entfernt wie vom finsteren Pessimismus. Sie rechnen immer mit einem Rückfall und immer damit, dass auch der Uneinsichtige plötzlich zu der Einsicht kommen kann, dass es jetzt reicht. Es gibt Süchtige, die sich mit der Lüge trösten, sie könnten jederzeit aufhören, und andere, die denken, sie könnten nie verzichten, und es plötzlich doch tun. Kurzum: Menschen sind immer für eine Überraschung gut, im Bösen wie im Positiven.

Die kleinen Wirkungen der Dinge, die uns verwöhnen oder fordern, abstumpfen oder anregen, Strukturen auflösen oder aufbauen, sollten wir hier weder über- noch unterschätzen. Was wiegt schon ein Strohhalm! Und doch belehrt uns die Fabel, dass ein Strohhalm den Rücken des Kamels brechen kann.

Ampel

In dem toskanischen Dorf Vicchio, das meine zweite Heimat geworden ist, führt eine Brücke aus gotischer Zeit über einen Nebenfluss des Arno. Sie überspannt das Kiesbett in einem eselsbuckligen, schmalen Bogen. Die zwei massigen Pfeiler tragen Schrammen von den Baumstämmen, die während der Sieve-Überschwemmungen mitgerissen werden. Ich kenne diese Brücke seit 1965 und fahre jedes Mal, wenn ich in den Ort will, über sie. Durch die Wölbung ist die schmale Fahrbahn sehr unübersichtlich. Zwei Autos können nicht aneinander vorbei.

Viele Jahre lang regelte sich der Verkehr spontan. Wer zuerst die Brückenhöhe erreichte und wieder buckelab fuhr, brachte den entgegenkommenden Kraftfahrer dazu, den Rückwärtsgang einzulegen. Ich habe nie erlebt, dass es dabei Schwierigkeiten gab.

Jetzt regelt eine Ampel den Verkehr zu den vielleicht hundert Seelen von Pontavicchio. Sie ist so träge geschaltet, dass ich meist vor der Brücke stehe und überlege, ob ich den Motor abschalte oder nicht.

Natürlich hat diese Regelung Vorteile. Der alte Sport schneidiger Fahrer, die Brückenhöhe vor einem »Gegner« zu erreichen, ist abgeschafft. Für einen Gewinn an Regelung und technischer Obrigkeit, die in immer feinere Verzweigungen eindringt, wird die früher selbstverständliche Übung geopfert, rücksichtsvoll miteinander umzugehen. In der Tat meine ich, in Italien etwas wie eine Entwicklung zu einem Normenfanatismus mitzuerleben, dessen Mangel ich früher in diesem Land als Vorzug gegenüber der Haltung deutscher Autofahrer empfand.

An die Stelle der informellen Regelungen, die Geschick und Höflichkeit trainierten, treten Maßgaben, in denen der Spielraum und damit die potenzielle Selbstdisziplin der Verkehrsteilnehmer mehr und mehr durch äußere Eingriffe ersetzt werden. Vertrauen ist gut, Kontrolle ist besser? Sie ist es keineswegs, sie verspricht es nur so lange zu sein, wie noch nicht bemerkbar ist, was angerichtet wurde. Die gegenwärtige Gesetzgebung tendiert in solchen Fällen durchweg dazu, die Misserfolge in psychologischer oder erzieherischer Sicht durch Verschärfung der Kontrollen, nicht durch eine Wiederherstellung des früheren, weniger geregelten Zustandes anzugehen.

Die Ampel von Pontavicchio zwingt allen Bewohnern eine Mehrbelastung an Treibstoffverbrauch und Abgasen auf. Vor der kleinen Kneipe dicht an der Brücke saßen früher die alten Männer auf einem steinernen Bänkchen in der Sonne und tranken ihr Glas Wein. Sie sitzen jetzt in den Abgasen der wartenden Autos.

Lange nachdem ich meine Gedanken zur Ampel von Pontavicchio aufgeschrieben hatte, lernte ich die Arbeit von Hans Monderman kennen. Er ist der Begründer eines gemeinschaftlich genutzten Raums (Shared Space) im dörflichen und städtischen Verkehr.

Monderman war Bauingenieur und Verkehrsplaner. Er hat viele Unfälle analysiert und begann, immer mehr an den konventionellen Methoden der Verkehrsplanung zu zweifeln, die von einer strikten Trennung der unterschiedlichen Verkehrsteilnehmer und einem Höchstmaß an Kontrolle durch einen regelrechten Schilderwald und Ampeldschungel ausging. Mondermans zentraler Gedanke ist, dass ein Übermaß an Regeln und Regelungen den Verkehrsteilnehmern so viel Verantwortung abnimmt, dass die Zahl der Unfälle steigt.

Mitte der 1980er-Jahre verlangsamte Monderman den Verkehr im Dorf Oudekaste in Friesland ohne die sonst üblichen Verkehrszeichen, Schwellen, Schranken, Blumenkübel oder Poller. Er ließ den Asphalt durch Klinkersteine ersetzen, verschlechterte die Sicht auf eine Kreuzung und verzichtete auf Schilder. Monderman erklärt, dass er zunächst selbst Angst vor seiner eigenen Idee hatte. Doch ihr Erfolg überzeugte: Die Autofahrer fuhren erheblich langsamer, Unfälle gab es keine. Aus dieser Erfahrung entwickelte Monderman seine Idee eines nicht durch die Obrigkeit, sondern durch die Teilnehmer selbst geregelten Verkehrs in einem offenen Raum, in dem nur rechts vor links und allgemeine Rücksichtnahme gilt. Seine Idee wurde vielfältig aufgegriffen und scheint sich allmählich durchzusetzen. Die Erfahrungen sind überwiegend positiv – weniger Unfälle, weniger Lärm, besserer Verkehrsfluss.

Die Herrschaft des Autos und der »autogerechten Stadt« wird abgeschafft, alle Menschen besetzen den Raum und regeln ihre Teilnahme an ihm. Straßen sind nicht mehr Kanäle, sondern Persönlichkeiten, Orte, wo Menschen lernen, Rücksicht zu nehmen und aufeinander zu achten.

Auto

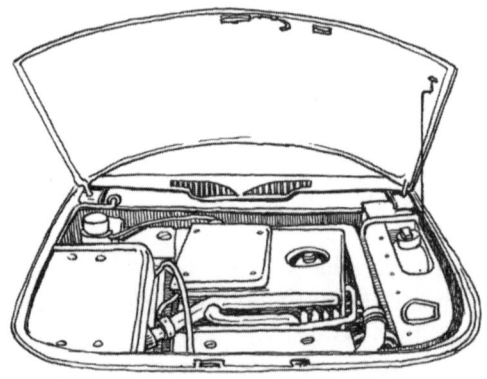

Die ökologische Kritik am hohen Verbrauch und am Abgas-
volumen veralteter Motorfahrzeuge wird heute von der Industrie ernst genommen; eine psychologische Kritik an den ver-
wöhnenden Aspekten der Auto-Hochtechnologie nicht. Wenn
die modernen Fahrzeuge dem Fahrer geistige Leistungen abnehmen, die zu Zeiten einer unvollkommeneren Technik unent-
behrlich waren, dann besteht die Gefahr, dass durch überhöhte
Geschwindigkeit die verlorenen Reize sozusagen künstlich ge-
sucht werden.

Es fehlt gegenwärtig nicht an perfekten, wunderbar gemachten und teuren Fahrzeugen; hier hat die Konkurrenz der Ingenieure Großartiges erreicht. Die Entwicklung geht eindeutig in
die Richtung des von einem Computer narrensicher gesteuerten

Automobils, das dem Fahrer bereits heute die Mühe abnimmt, selbst einzuparken.

Was aber fehlt, sind Fahrzeuge, von denen die Nutzer etwas lernen können. Sie wären billig, leicht, sparsam und vor allem geistig anregend, weil sie den Bastler wecken, der in jedem Menschen schlummert. Bastler sind vor vielen psychischen Gefahren der Konsumgesellschaft geschützt. Sie haben zu tun, sie sind selten depressiv, sie sind nicht verwöhnt, sie neigen nicht zur Kriminalität, sie setzen sich ständig mit den Grenzen ihrer Fähigkeiten und Fertigkeiten auseinander. Ein Tag auf deutschen Autobahnen macht den Eindruck unabweisbar, dass kaum noch Bastler unterwegs sind.

Denken fördern, nicht denken (ab)nehmen

Ich habe vor Jahren einen Brief an Volkswagen geschrieben, in dem ich versuchte, den Autobauer für eine Neuerung zu gewinnen:

1. Eine ökologische Wende hin zu langsameren, leichteren und schwächer motorisierten Fahrzeugen, die nicht nur sparsamer sind, sondern auch das Konzept einer aggressiven, technologischen Hochrüstung (starker Motor erfordert ABS und Airbag usw.) preisgeben.

2. Eine pädagogische Wende hin zu einer Technik, die nicht mehr durch wachsende Undurchschaubarkeit den Nutzer in einen Rückschritt seiner geistigen und emotionalen Qualitäten hineinzwingt.

Die erste Forderung ist nicht neu; sie wurde schon häufig von Kritikern der gegenwärtigen Systeme des Individualverkehrs geäußert. Neuartig ist die Verbindung solcher technischen Modelle mit einer unternehmerischen Reaktion auf psychische Rückschritte, die sich heute in der Bevölkerung vor allem bei der Jugend beobachten lassen. Der gegenwärtige Hang zum Komfortschritt führt dazu, dass immer breitere Bevölkerungsschichten immer höhere Ansprüche an Verwöhnung entwickeln. Die Produkte – und das Automobil ist das zentrale Produkt der Moderne – bestärken sie in dieser Entwicklung. Sie sind immer komfortabler, verwöhnender und undurchschaubarer geworden.

Der neue Volkswagen sollte auf maximale Eigenleistung in Wartung und Reparatur angelegt sein, um jungen Menschen möglichst viele Gelegenheiten zu bieten, Technik-Umwelt-Relationen unmittelbar und sinnlich zu erfahren. Das möglichst leichte Modell sollte aus unlackiertem, korrosionsbeständigem Material (Edelstahl, Holz, Alu) bestehen. Die Ausführung ist möglichst robust, einfach, überschaubar und nach Gesichtspunkten konzipiert, die technisches Interesse wecken. Alle Teile sind recycel- und austauschbar. Reparaturen an Fahrwerk, Motor und Karosserie können dank übersichtlicher Bauweise und detaillierter Anleitungen von interessierten Laien geleistet werden. Das Auto ist auch als Bausatz lieferbar, der zum Beispiel von einer Berufsschulklasse unter Anleitung eines Lehrers zusammengesetzt werden kann. Alle Modellvarianten sind vernetzt; das Auto »wächst mit«, etwa vom Zweisitzer zum Viersitzer. Die Batterie wird durch eine Solarzelle auf dem Dach geladen; es gibt wieder eine Startkurbel. Umstellungen auf Hybrid- oder Elektrobetrieb und nachwachsende Rohstoffe (Antrieb durch Pflanzenöl oder Bioalkohol) sind im Baukastensystem enthalten.

Wie ein Vergleich der derzeitigen traditionellen Technik mit einer zukunftsfähigen Variante aussieht, ist nachfolgend gegenüber gestellt:

Traditionelle Technik	Technik der Zukunft
Komfortorientiert	Lernorientiert
Erzieht zur Bequemlichkeit	Erzieht zur Aktivität
Wachsende Abhängigkeit von Spezialisten	Wachsende Unabhängigkeit von Spezialisten
Modeorientierung	Zeitlosigkeit, Baukastensystem
Wachstumsorientiert	Stabilitätsorientiert
Müllintensiv	Rohstoffsparend
Störungen machen von Spezialisten abhängig	Störungen erweitern die eigenen Fähigkeiten
Unzugängliche Struktur	Übersichtliche Struktur
Bequeme Bedienung	Aktivierende Bedienung
Produktbindung durch Komfort und Werbung	Produktbindung durch Produkt-Nutzer-Interaktion

Ich habe keine schriftliche Antwort erhalten. Immerhin rief ein Mann aus der Marketing-Abteilung an, der versprach, mich über das Schicksal meiner Vorschläge zu informieren. Er begrüße solche Gedanken und werde sie einbringen. Durch die Blume sagte er mir jedoch, dass Konstruktionen ohne ABS und Airbag verachtet würden und gegenwärtig keine Chance hätten.

Ein blinder Tyrann

Wer langsam fährt, braucht weniger Sicherheitstechnik. Durch geringe konstruktive Veränderungen ließe sich ein Auto bauen, das halb so viel kostet und halb so viel verbraucht wie die gegenwärtigen Modelle, die einen völlig überhöhten Komfortstandard garantieren müssen (und bei denen auch entsprechend viele Defekte auftreten können). Da sich die Autotester der Publikumspresse nahezu durchweg wie verhinderte Rennfahrer gebärden, würde ihnen dieses Modell keine Begeisterung ablocken. Die Entwicklung der Automobilindustrie zeigt, wie erfindungsreich *Homo sapiens* ist und wie viel Macht *Homo consumens* entfaltet. Längst gibt es sie, die Pläne zu kleinen, leichten Fahrzeugen, die fast umsonst mit Sonnenenergie fahren oder nicht mehr als einen Liter Diesel auf hundert Kilometer brauchen. Als Ferdinand Piech im April 2002 den Vorstandsvorsitz bei VW aufgab, fuhr er in einer solchen Neukonstruktion von Wolfsburg nach Hamburg, mit einem Verbrauch von knapp einem Liter Treibstoff auf hundert Kilometer!

Das Fahrzeug wirkte wie ein Enkel des Messerschmidt-Kabinenrollers, der die deutsche Motorisierung nach dem Krieg einläutete: sparsamer, teurer, mit einem Gewicht von 290 Kilo, viel Elektronik, Titan, hohlen Wellen und Zahnrädern ausgestattet – zu kostspielig für den Bau in Serie. Ein Mikrochip wechselt die Gänge und schaltet den Motor für die »Segelphase« ab, wenn das Fahrzeug rollt; tritt der Fahrer wieder auf das Gaspedal, dann wirft ein Startergenerator, der auch als Lichtmaschine dient, das Aggregat wieder an. Beim Bremsen wird Strom erzeugt und die Batterie zusätzlich geladen.

Die Ansätze zu einer intelligenzfördernden Technik wurden zugunsten einer bereits eingebauten, verkapselten Intelligenz zurückgestellt. Immerhin lernt der Fahrer allein durch das Zuhören, wodurch bei der automobilen Fortbewegung Energie vergeudet wird und wodurch man sie sparen kann. Bastelfreundlich scheint das neue Spar-Auto so wenig zu sein wie seine Vorgänger.

Herr Piech fuhr in einem Feigenblatt. Die Autoindustrie ist hinter den funkelnden, kostspieligen, übermotorisierten Fassaden zutiefst verunsichert. Es kostet viele Jahre, ein Modell zu entwickeln, und niemand weiß, welche Modelle in zehn Jahren gefragt sein werden und was mit den langlebigen Energiefressern geschehen soll, wenn diese Konsumblase platzt. Die vielen Rückrufe neuer Modelle belegen die Hast der Konstrukteure und die Unübersichtlichkeit der Konstruktionen.

Kein Produkt der Industriegesellschaft trägt so viele Träume und narzisstische Phantasien in sich wie das Auto. Es ist das Produkt, dem am meisten Blut geopfert wird – mehr als allen anderen Produkten zusammen, mehr als der Waffenindustrie, denn längst überreffen in den meisten Ländern die Zahlen der tödlichen Unfälle mit Autos die der Kriegsopfer. Es ist das am meisten genutzte Produkt, das die intensivsten Träume umgibt, das uns Kraft schenkt, Freiheit, Raum zu leben und zu lieben, Sicherheit und Dynamik, Überlegenheit über andere und Fluchtmöglichkeiten aus Enge, Lärm, Gestank und Chaos (wie sie eben das Auto erzeugt) in eine freie, ruhige, duftende Waldlichtung, an einen Meeresstrand, in einen Park, wo wir und unser Mobil mit dem Gesang der Vögel und dem Zirpen der Grillen allein sind (so oder ähnlich lauten zumindest die Versprechen der Werbeindustrie).

Die Erwartungen an das Auto sind so irrational und widersprüchlich wie jene an die ideale Mutter. Die kopflose Gier sitzt auf dem Thron, von technischem Genie, brillanter Planung und künstlerischem Design servil umgeben. Das Auto mobilisiert eine enorme Erfindungskraft, aber diese Erfindungskraft wird von einem egoistischen Tyrannen gelenkt, der für alles blind ist, was nicht zu seinem rauschhaften Verlangen nach Macht und Kraft, Sicherheit und Bequemlichkeit passt.

Automatik

Es ist ein Signal für die große Perversion des 19. Jahrhunderts und den Verlust der meditativen Qualitäten im Handwerk, dass sich kaum jemand über Diebstahl und Raub beklagt, wenn ihm Arbeit *abgenommen* wird, wie man dem tollpatschigen Kind Schere und Feuerzeug abnimmt. Nur waren es nicht nachdenkliche Eltern, die das Beste für ihr Kind wollen, indem sie ihm etwas abnehmen. Es waren von Profitdenken gesteuerte Maschinen, die den Menschen Erleichterung versprachen, ihnen aber am Ende ihr eigenes Arbeitstempo aufzwangen.

Automatik erspart Übung. Sie lässt Fähigkeiten verkümmern, indem sie einen oft heilsamen Zwang zur geistigen Auseinandersetzung abschafft. Wer eine Automatik in sein Auto einbauen lässt, muss nicht mehr kuppeln und schalten, am Ende nicht einmal mehr einparken oder rechtzeitig bremsen. Er gewinnt Bequemlichkeit und verliert Kontakt zu der Maschine, die er lenkt. Am eindrucksvollsten und gleichzeitig besonders unheimlich ist die Automatik im Flugzeug. Die Selbstmordattentate auf das

World Trade Center haben die zivilisierte Welt erschüttert. Es erinnert an Motive antiker Mythen, dass gerade der Versuch, solchen Gefahren zu begegnen, in eine neue Tragödie geführt hat. Die schusssichere Tür, die nur von innen freigegeben werden kann, ermöglichte es einem Copiloten im März 2015, in tödlicher Ruhe auf eine Felswand zu rasen. Der hilflose Pilot stand vor einer Automatik und konnte nichts tun.

Wer mit einer automatischen Kamera fotografiert, kann sich ganz und gar auf den Ausschnitt konzentrieren. Viele der heutigen Fotografen wissen nicht mehr, was Blende, was Tiefenschärfe, was Belichtungszeit ist.

Automatische Dinge zeigen, wie fatal die Folgen der industriellen Fertigung und der Konkurrenz um »möglichst schnell, möglichst bequem, möglichst kostengünstig« sind. Automatiken sind der Königsweg in Verschwendung und Dummheit. Natürlich kann das Automatikgetriebe zuverlässiger in einem bestimmten Drehzahlbereich arbeiten als der menschliche Fahrer. Aber es sieht die Strecke nicht, es verbraucht Treibstoff für die erhöhte Reibung, wie schon sein Vorgänger, das Synchrongetriebe, das dem Fahrer die Aufmerksamkeit für Drehzahl und Zwischengas abgenommen hat.

Oft wird uns Automatik mit dem Versprechen verkauft, dass wir dann Kopf und oder Hände frei hätten für die »wirklich wichtigen« Dinge. Dieses Versprechen ist verlogen, denn es gibt im menschlichen Leben wenig, das wichtiger ist als die tätige Übung von Muskeln und Nerven, als Bewegung und ein Gefühl dafür, dass zu einem guten Leben auch Mühe gehört. Wer ein unsynchronisiertes Getriebe geschickt schalten kann, spart nicht nur Material und Energie, die für Bau und Betrieb der Synchronisierung verbraucht werden, sondern er gewinnt dem Schaltvorgang ein Stück Reiz, eine Aufgabe und ein Abenteuer ab. Ich habe selbst noch einen unsynchronisierten Käfer gefahren und weiß, wovon ich spreche. Ist erst einmal die Anfangsschwierigkeit überwunden, macht es ausgesprochen Spaß, mit Zwischengas perfekt zu schalten. Das automatische Getriebe hingegen räumt den Platz für seine Majestät, die Langeweile.

Ärzte belehren uns, dass Bewegungsmangel die häufigste Krankheitsursache geworden ist; gleichzeitig erfinden wir immer mehr Automatiken, die Bewegungen überflüssig machen – und halten das für einen *Fortschritt* an Freiheit, weil wir doch die *Wahl* haben, Treppen zu steigen oder mit dem Aufzug zu fahren. Ein wesentlicher Gesichtspunkt ist hier die Spaltung von Regression und Progression innerhalb der Berufswelt. Weil Menschen seelisch Kinder bleiben, auch wenn sie körperlich erwachsen werden und widerwillig die Aufgaben des erwachsenen Lebens schultern, entfaltet die Automatik alle infantilisierenden Qualitäten verwöhnender Eltern, die ihr Kind in Abhängigkeit halten und ihm vorgaukeln, sie seien unzerstörbar und immer für es da. Je mehr Erfindungsgeist die Ingenieure in Automatiken stecken, desto weniger Erfindungsgeist bleibt für die Nutzer übrig.

Die Automatik verwöhnt uns, aber sie lässt uns auch auf spektakuläre Weise im Stich, sie macht uns hilfloser, als wir wären, wenn es sie gar nicht gäbe. Mit einer automatischen Heizung friere ich ärger als mit einem Kanonenofen, sobald der Strom ausfällt. Wenn eine Automatik im Auto den Geist aufgibt, kann es vielfach nur noch abgeschleppt werden; wenn ein mechanisches Getriebe versagt, funktionieren meist einige Gänge noch. Wenn das Schreibprogramm abstürzt, reißt es unter Umständen die Arbeit von Stunden mit in den Abgrund. Wenn die mechanische Schreibmaschine versagt, geht kein Buchstabe verloren …

Beistellherd

Moderne Heizungstechnik macht den Nutzer von einem Spezialisten abhängig, der ihm beim ersten Defekt einen Wartungsvertrag aufschwätzt. Manchmal habe ich intelligentere Versionen gesehen – in einer Schweizer Stadt, ich glaube es war Winterthur, standen in einer Kunstgalerie wunderschöne, komplexe Gebilde aus Eisenguß und Kupfer: Es waren Ölbrenner und Heizkessel, die ein Künstler entworfen hatte.

Der Gedanke, das Feuer nicht in einem Keller unter einer Verkleidung seine Arbeit tun zu lassen, sondern im Wohnzimmer, ist ein Schritt in die richtige Richtung. Er könnte dazu führen, dass auch ein Ölbrenner wieder intelligent wird, das heißt so gestaltet, dass sein Anblick uns belehrt und seine Funktionen sich uns so erschließen, dass wir im Umgang mit ihm Kompetenzen gewinnen, die darüber hinausgehen, die Nummer der Störstelle aus einem Prospekt zu fingern.

Zur Zeit der Holz- und Kohleöfen waren solche sinnlichen, belehrenden Konstruktionen allgemein zugänglich. Es gab eine Periode, in der Techniker und Handwerker wetteiferten, möglichst formschöne und funktionssichere Gebilde zu schaffen, mit denen verglichen die heutige Auswahl an Öfen kläglich, auf wenige, simple Modelle reduziert ist, deren elender Schluss der »Beistellherd« ist, das letzte Herdkapitel im Haushalt meiner Mutter.

Äußerlich war er nicht mehr von einem Gas- oder Elektroherd zu unterscheiden, verkleidet in weißes Emailblech, ohne jeden Blick auf seine Aufgabe. Weil sie das Feuer in der Küche nicht missen wollte – es konnte doch wieder einmal eine Zeit kommen, in der die Zentralheizung nicht funktionierte – und im Garten soviel Holzabfälle hatte, schaffte sie den Holzherd nicht ganz ab. Aber der Beistellherd war eine Fehlkonstruktion. Durch winzige, hinter der Verkleidung schwer zugängliche Türchen passte nur zerkleinertes Holz. Es war ein Ofen, der sich seiner schämte und sich versteckte, weil seine Konstrukteure nicht mehr stolz auf ihn waren, sondern nur noch verhindern wollten, dass er neben Kühlschrank und Siemensherd auffiel. Wenn unterschiedliche Geräte nicht mehr ihren Charakter zeigen dürfen, sondern hinter einheitlichen Verkleidungen verschwinden, dann ahnen wir, dass sie auch anfangen, dumm zu werden.

Meine bäuerliche Großmutter machte jeden Tag dreimal ein Kochfeuer in dem großen Küchenherd. Abgesehen von einem Streichholz und einem Fetzen des »Altöttinger Liebfrauenboten«, den ich – in Vierecke geschnitten – auch vom »Häusl«, dem Plumpsklo, her kannte, brauchte sie nichts, was sie nicht selbst gemacht hatte.

Das Holz kam aus dem Auwald. Äste und Zweige, die heute als Abfall verfaulen, wurden mit einem breiten, flachen Beil, wie es auch Metzger haben, in anderthalb Spannen lange Stücke geschnitten, mit einem Weidenzweig fest zusammengeschnürt und dann zum Trocknen aufgeschichtet. Auf dem Dachboden der Werkstatt lagen immer große Mengen trockener Wiedbündel. Sie brannten willig; das Teewasser wurde so schnell warm wie auf einem Gaskocher. Die Oma nahm immer einige Ringe aus dem Herd und hängte einen nach unten hin verjüngten Topf direkt in die Flammen.

Im Winter, wenn die Küche als einziger Raum geheizt wurde, kamen stärkere Scheite dazu, ebenso beim Dreschen, wenn auf demselben Ofen große Mengen Schmalznudeln in einem schwarzen Topf voll zerlassener Butter schwammen.

Wer die Rechnungen der Konzerne für Strom, Gas und Wasser bezahlt, entdeckt keinen sinnlichen Zusammenhang zwischen seiner Arbeit und der Energie, mit der er seine Speisen kocht und sich vor der Kälte schützt. Damit verliert er auch die Möglichkeiten, wie von selbst zu lernen, was er später nur in großer Selbstdisziplin wieder erwerben kann: das Bewusstsein über die Endlichkeit von Energiereserven.

Die Bäuerin an ihrem Herde spart mit der kostbaren Energie, weil sie jeden Zweig selbst gehackt und geburtelt (das heißt in das Bündel geschnürt) hat. Sie ist – ähnlich ihrer Schwester, die das Brauch- und Trinkwasser vom Brunnen holt – für das Leben in den Metropolen kein direktes Vorbild mehr, weil in der Massenhaltung von Menschen ganz neue Umweltprobleme entstehen würden, wenn wir zu archaischen Techniken zurückkehren. Aber sie bleibt ein Modell, wie einfach Umweltlernen sein kann und wie schwer es uns die Konsumgesellschaft durch die Gedankenlosigkeit ihrer Versorgungsstrukturen macht.

Vom Feuer lernen

Der älteste Herd war das Feuer in der Höhle, in der Erdhütte, im Wigwam oder im Zelt. Die Feuerstelle ist in Steine gefasst; sobald es gemauerte Häuser gibt, wird auch der Herd gemauert, er ist höher als seine Umgebung.

In toskanischen Bauernhäusern, deren Architektur sich seit der Zeit der Etrusker nur wenig geändert hat, ist der Herd aus groben Steinen geschlichtet und etwa kniehoch, ein Kompromiss zwischen der Unbequemlichkeit, sich zu bücken, und der anderen Unbequemlichkeit, das Feuerholz hochheben zu müssen und nicht, wie es der alte Höhlenherd möglich machte, einfach einen dicken Stamm hereinzuschleppen und über die Glut zu ziehen.

Ein offenes Feuer zehrt unersättlich. Wer je an kalten Wintertagen eines unterhalten hat, der ist froh um einen niedrigen und großen Kamin. Alte toskanische Kamine nehmen in aller Regel Klafterscheite (so lang, wie ein erwachsener Mann die Arme breiten kann, von Fingerspitze zu Fingerspitze); sie brennen in der Mitte durch und können dann noch einmal aufgelegt werden.

Anfangs dachte ich, dass es gar nicht möglich ist, mit einem offenen Kamin eine zugige Küche bei Außentemperaturen um den Gefrierpunkt wohnlich zu erwärmen. Das änderte sich, sobald einige trockene Kastanienstämme in Asche verwandelt waren. Immer weniger musste die innere Wärme durch Holzholen und Holzsägen herhalten, um den Mangel an Zufuhr von außen auszugleichen. Die dicken Steine in der Rückwand des großen Kamins begannen, die gespeicherte Hitze abzustrahlen. Die zugige Wohnküche mit ihren vier Türen war nach einigen Tagen so angenehm temperiert, wie man es anfangs nicht denken mochte.

Die offene Feuerstelle im Haus ist in den Glanzpapierzeitschriften ein Luxus, neben dem Birkenscheite liegen, die mit

Hartspiritus angezündet werden; kein Bewohner käme auf den Gedanken, Wasser in einem Kessel über diesem Feuer zu wärmen, sein Frühstück darauf zuzubereiten oder herauszufinden, wie gut das Abfallholz aus seinem Garten brennt.

Feuerholz

In den alten Landwirtschaftslexika, von denen ich bei Antiquaren zwei aufgetrieben habe, ist bei jedem Baum beschrieben, wie gut sich sein Holz für das Feuer eignet. Dass Buche, Eiche und Birke gut sind, weiß jeder. Olivenholz und Robinie brennen womöglich noch besser. Aber alle werden vom Wacholder übertroffen. Baumheide (Erika) brennt auch grün; alles andere Holz muss mindestens ein Jahr trocknen. Pinienäste sind ungeeignet, sie rauchen und explodieren, sodass brennende Holzteile meterweit in die Küche fliegen.

Einige Zeit verbrannte ich am liebsten die Schlehenstämme, die zehn Jahre lang große Teile der früheren Felder um das Haus fast unzugänglich gemacht hatten und dann im Schatten der aufgekommenen Eichen und Kastanien starben. Sie hatten mich geärgert und gestochen, sodass ich jetzt mit Freude ihre Stacheln im Feuer aufglimmen und zerfallen sehe.

Öl, Gas, Elektrizität sind dem Feuerholz feindlich. Sie werden geliefert und lehren uns nichts außer Bequemlichkeiten. Das Feuerholz liegt im Wald und verrottet, die nicht ausgelichteten Stämme nehmen anderen Luft und Platz weg, die Waldbauern müssen sich ihren Lebensunterhalt als Fernfahrer oder Gasableser verdienen.

Kein Herd oder Ofen kann das offene Feuer ersetzen; er hat praktische Vorteile, aber diese hängen mit einer Entsinnlichung zusammen, und von dieser haben wir in unserer Dummdingwelt genug. Der wichtigste Vorteil ist die Sparsamkeit: Wenn ich einen Ofen schüre, kann ich mit erheblich geringerem Verbrauch von Holz oder Kohle dem Raum mehr Wärme zuführen. Die Wärme ist ferner, indirekter, – ich habe schon einmal von dem alten Bauern erzählt, der sich weigerte, sich wie die anderen an der *cucina economica* (so heißt in Italien der Küchenherd) zu wärmen, sondern ein Kaminfeuer brauchte. Aber sie ist auch nachhaltiger, besser zu kontrollieren, dauerhafter.

Alte Öfen und Herde sind Kunstwerke; viel Fertigkeit wurde aufgewendet, um Kacheln zu bemalen oder Platten mit Wappen, Reliefs und Ornamenten zu schmücken. Besonders beeindruckt haben mich in ihrer radikalen ökonomischen Eleganz die Kanonenöfen des Biedermeier, aus Ringen gegossen, die man wie Stapeltassen aufeinanderschichtet. In Nordamerika entwickelte sich eine blühende Holzofenindustrie, die mit chromgeschmückten, emaillierten Ungeheuern Saloons und Wohnzimmer wärmte. Um das lebendige Feuer nicht ganz auszusperren, waren in den Bauch dieser Öfen Gitterwerke mit Tafeln aus Marienglas (Glimmer) eingesetzt.

Ein Kochherd muss die Flamme so dicht wie möglich an Töpfe und Pfannen bringen; der Ofen möglichst viel Wärme in den Raum abgeben. Beide sollen das Feuer regulieren, eine riskante Angelegenheit, an der schon viele Menschen gestorben sind, die unvorsichtig mit der Rauchklappe umgingen – jenem beweglichen Hindernis im Abzug, das den Querschnitt regelt, durch den die Rauchgase entweichen können. Je heißer die Gase im Kamin, desto mehr Wärme geht dem Raum verloren. Je enger der Abzug, desto größer die Gefahr, dass giftiges Kohlenmonoxid, wie es bei unvollständiger Verbrennung entsteht, den Raum verpestet. Daran ist der große Zola gestorben: er wollte es warm haben und Kohle sparen, füllte den Ofen und drosselte ihn.

Aus ökologischer Sicht ist das Kochfeuer ebenso wie das Feuer zum Heizen in stark bevölkerten Gebieten gefährlich. Zu viel Rauch schädigt die Lungen der Menschen, zu viel Suche nach Brennholz die Wälder. Wärme durch sorgfältige Isolierung zu bewahren ist eleganter. Das Feuer ist in dünn besiedelten Gebieten schön und lehrreich, aber die Menschheit kann es sich immer weniger leisten. Vielleicht müssen wir lernen, am Ende ganz darauf zu verzichten, wie es unsere Geschwister, die Tiere und Pflanzen auf dem Planeten, schon immer getan haben. Dann wäre ihre Scheu vor dem Feuer schon immer klüger gewesen als die Tat des Prometheus.

Bildschirm

*In unserer Gesellschaft war nichts Originäres mehr, nur Derivate –
alles absolut und ruinös unoriginell (obwohl unoriginell, wenn
man es als Kritik verwendet, ja im Grunde selbst unoriginell ist).
Wir waren die ersten menschlichen Wesen, die nichts mehr wirklich zum ersten Mal sahen. Wir glotzten auf die Wunder der Welt,
mit glasigen Augen, letztlich unbeeindruckt. Mona Lisa, die Pyra-
miden, das Empire State Building, Raubtiere beim Angriff, kolla-
bierende uralte Eisberge, Vulkanausbrüche. Ich konnte mich an
nichts Staunenswertes erinnern, was ich jemals aus erster Hand
gesehen und nicht sofort in Bezug zu einem Film oder einer Fern-
sehsendung gebracht hätte.*[11]

---

[11] Gillian Flynn, Gone Girl, New York 2012. Aus dem Amerikanischen von Christine Strüh. Fischer Taschenbuch, Frankfurt/M. 2014, S.105

Gillian Flynn lässt diese Sätze den (Negativ-)Helden ihres Romans *Gone Girl* denken, einen Journalisten, dem das Internet seinen Job raubte und den die Ehe mit einer (fast) perfekten Frau den letzten Nerv kostet. Nick Dunne räsoniert dann weiter: Es sei sogar immer so gewesen, dass die Konserve, die vor dem realen Eindruck da war, besser passte, eindrucksvoller war als dieser – die Kamera war näher dran, erfasste einen dramatischeren Aspekt, Musik steigerte die Wahrnehmung. Die Realität wirkte wie eine schlechte Kopie der Fiktion.

Selbst wenn wir diese Übertreibung der schlechten Laune des Protagonisten in Flynns Thriller zuschreiben – das Thema gehört in den Zusammenhang der dummen Dinge. In der Konsumgesellschaft wird das Abbild, die Kopie, die Konserve derart zum Massenartikel, dass sich ein Problem radikal verschärft, das schon lange als der Gegensatz zwischen Kunst und Leben diskutiert wurde.

In den frühen Künstler-Anekdoten zeigt sich das Genie des antiken Malers darin, dass die von Apelles gemalten Früchte so lebensecht sind, dass Vögel nach ihnen picken. Pygmalions Statue der Venus ist so schön, so lebensnah, dass sich der Künstler in sein Werk verliebt und eine gnädige Göttin ihn tröstet, indem sie dem Bild Leben einhaucht. In dem Film *Avatar* ist diese Göttin ein Lebensbaum auf einem fernen Planeten, das Prinzip ist dasselbe.

Langeweile

Déjà-vu-Erlebnisse beschreiben eine Phantasie, an einem bedeutungsvollen Ort schon einmal gewesen zu sein, ein bedeutungsvolles Erlebnis schon einmal erlebt zu haben. Aber während das Kunstwerk immer nur eine einzige Situation aufgreift und idealisiert, führt die immense Trivialisierung des Bedeutungsvollen, des Dramatischen, des Sensationellen in den Medien dazu, dass die Betrachter eines wirklich dramatischen Ereignisses in den Modus des Zuschauers schalten und entsprechend reagieren.

Wenn ein Mann auf einer Brüstung in schwindelnder Höhe steht und offensichtlich daran denkt, sich in den Tod zu stürzen, bleiben die Zuschauer passiv; einer schreit: »Spring doch!« damit das Schauspiel endlich seinen Höhepunkt findet. Wenn die Geiselnehmer aus der Bank auftauchen und die Geisel in das Fluchtauto schleppen, klatschen die Zuschauer hinter den Absperrgittern Beifall – endlich Action! Als die von Terroristen gekaperten Flugzeuge in die Twin Towers krachten, dachten die meisten Augenzeugen an einen gelungenen Stunt.

Die Öde des »das kenne ich schon« verführt Filmemacher, die Drastik von Katastrophen nicht unter Weltuntergang anzusetzen. Was die schiere Größe der galaktischen Gefahren nicht an Trümpfen liefert, wird durch die Schnelligkeit des Spiels ersetzt. Das trägt zu einem Klima der Hektik und Ungeduld bei, das inzwischen so viele Kinder erfasst hat, dass der medizinisch-pharmazeutische Komplex daraus eine eigene Krankheit mit einer angeblich »genetischen« Ursache und dem gewiss nicht zufällig passenden Angebot geschaffen hat, von Nebenwirkungen belastete und in ihrem Effekt dubiose Medikamente gegen »Aufmerksamkeitsstörungen« zu verkaufen.

Wo die Möglichkeiten schwinden, sich in handwerklicher Aktivität geborgen zu fühlen, wächst eine innere Spannung, die aus den schnellen Affekten von Angst und Wut gemischt ist: Angst, dass nichts passiert, dass die Langeweile bleibt, das reale Leben keine andere Perspektive bietet als wachsende Unzufriedenheit. Und Wut, dass die Eltern, die Freunde, die Organisationen des Staates keine Hilfe anbieten, dass andere zufrieden sein können, ihre Arbeit wichtig und spannend finden, durch sie gesellschaftliche Anerkennung erwerben, während ich leer ausgehe.

An vielen Orten der Welt gehen heftige Gefahren von einer Gruppe junger Männer aus, die willige Werkzeuge von Warlords sind. Ihre Wut lässt sich mit der Klage des Helden in Gillian Flynns Buch verbinden. Es kann doch nicht wahr sein, dass das eigene Leben in allen wesentlichen Punkten weit schlechter ist als die Erwartungen, die von den vorfabrizierten Bildern geschaffen wurden.

Die Bilder sind so schnell, die Veränderung der Welt im Computerspiel ist so einfach, so perfekt, dass jede handwerkliche Aneignung, jeder Aufbauprozess, jede andere professionelle Entwicklung als die des Kämpfers in einem idealisierten Kampf gegen dämonisierte Feinde unerträglich langsam und langweilig wirken.

Nur durch viel Disziplin und Anpassung haben junge Menschen eine Chance auf einen Platz, der ihren Erwartungen entspricht. Stärker an Beziehungen orientiert, weniger von Kastrationsängsten behelligt, sind junge Frauen inzwischen viel besser für diese Aufgaben gerüstet als junge Männer. Deren Gruppe spaltet sich in Gewinner und Verlierer. Die Verlierer gieren nach schnellen Erfolgen, je weniger Chancen sie für langsame haben. Schnelle Erfolge sind aber nur durch Begabung und Glück, oder aber durch Bruch der Normen einer zivilen Gesellschaft zu haben.

Diesen Bruch nennen die Autoritäten kriminell, entwerten und bestrafen ihn. Daher wird ein Ausweg immer beliebter und chaotischer: Orte zu suchen, wo der Regelbruch höhere Weihe gewinnt, im Dienst der guten oder doch wenigstens großen Sache – Gott, die Freiheit, der Fortschritt, die Einheit der Nation.

Wenn ich heute von heiligen Kriegen und »Befreiungskämpfen« in Libyen, Syrien, im Irak, im Sudan oder in der Ukraine lese, beschleicht mich ein Déjà-vu: Ich denke an den Dreißigjährigen Krieg in Mitteleuropa, als Warlords heilige Kriege auf dem Rücken einer ausgeplünderten Bevölkerung führten.

Damals wussten es die Menschen nicht besser; sie entdecken den Wert des Friedens und der Zivilgesellschaft nach vielen Jahren der Rechtlosigkeit, der Plünderungen. Heute wissen sie es längst besser, aber die Medien, die dieses Wissen erhalten und vertiefen sollten, tun alles, um die Individuen darin zu unterstützen, es in einer Orgie der Regression zu vergessen. So wird es wieder »normal«, das Auto abzufackeln, das sich jemand leistet, der bessere Chancen hatte als ich, oder Menschen den Kopf abzuhacken, die mir nichts getan haben, aber auch kein Geld bringen für die große Sache. Es ist die Geste eines heiligen Krieges: dem Sieger keine Beute, dem Besiegten keine Gnade.

Verluste an Sinnlichkeit

Die Hausfrau der Zukunft hat in der Küche einen Bildschirm mit Touchscreen. Berührt sie eines der dort gezeigten Symbole, dann erscheinen alle wichtigen Bereiche ihrer Welt und lassen sich regeln: Backofen, Kühlschrank, Mikrowelle und Spülmaschine ebenso wie das videoüberwachte Kinderzimmer und der Sandkasten im Garten.

Das ist keine Erfindung eines Satirikers, sondern ein Szenario, das Leuten einfällt, die lieber in einer digitalisierten Welt leben. Die Videokameras sind mit Aufnahmegeräten verbunden; die

Hausfrau kann Szenen aus allen Zimmern des Hauses dokumentieren bis zu den pikantesten Details, wenn der halbwüchsige Sohn beim Onanieren, die Tochter beim Ausdrücken ihrer Pickel festgehalten werden.

Entsinnlichung und Pornografie gehören beide zu den virtuellen Welten, an deren Schwelle wir stehen: Cybersex und haptische Verarmung. Schon heute fällt in den Kindergärten auf, dass die Bildschirmgeneration motorisch ungeschickter ist als alle Generationen vor ihr. Viele Kinder können nicht auf Bäume klettern und geraten aus dem Gleichgewicht, wenn sie auf einem Bein hüpfen sollen. Es fallen ihnen keine Spiele ein. Wenn sie keine Zuwendung oder Ablenkung bekommen, werden sie unruhig. Wenn ihnen etwas abverlangt wird, aggressiv.

Den zentralen Unterschied zwischen mechanischen und elektronischen Geräten sehe ich darin, dass Störungen in elektronischen Kontexten den Nutzer nicht belehren, sondern ihn ratlos, meist abhängig von dem Hersteller des Produkts zurücklassen. Es ist schwierig, Elektronik sinnlich erfahrbar zu machen; Mechanik gleicht den Hebeln und Greifern an unserem Körper so sehr, dass wir sie und ihre Störungen spontan verstehen und angeregt werden, uns Abhilfe einfallen zu lassen, was bei gut konstruierten Dingen auch gelingt. Wenn der Hammerstiel abbricht, kann ich einen neuen schnitzen oder den abgebrochenen anspitzen, um ihn erneut zu verwenden. Wenn das Festplattenlaufwerk meines Notebooks den Geist aufgibt, erklingt eine schleppende Melodie, eine Art Trauermarsch, und vielleicht erscheint noch auf dem Bildschirm die Anzeige, dass ein schwerer Fehler vorliegt, was ich bereits weiß. Der Rest ist undurchschaubar. Auch der Spezialist in der Werkstatt kann mir nur sagen, dass da etwas kaputt ist, was er auswechseln kann, wenn ich es angesichts der blitzartigen »Veraltung« meines Computers überhaupt noch ersetzt haben will, es gibt einen ganz neuen im Sonderangebot ...

Wenn ein Kohleofen nicht heizt, ein Topfdeckel nicht schließt oder ein Rührlöffel sich verbiegt, kann die Störung erlebt, durchschaut und behoben werden. Wenn die Mikrowelle versagt, gibt es nichts zu sehen und nichts zu tun; die einzige Abhilfe ist es, den Spezialisten zu rufen oder – meist billiger – das Gerät sogleich gegen ein neues zu tauschen. Je tiefer wir uns in die Digitalisierung begeben, desto undurchschaubarer werden alle Störungen; wir können nicht mehr hinter die Benutzeroberflächen blicken, die Struktur der Programme ist für die meisten von uns so rätselhaft wie die Viren, welche sie befallen können.

Makaber sind die auf den meisten Benutzeroberflächen veranstalteten Versuche, Sinnlichkeitsverluste zu beheben und pseudohaptische Welten zu generieren – da ist ein Papierkorb, ein Ordner, und wenn ich die Dateien einer Diskette auf die Festplatte kopiere, flattern Papierstücke mit einem eleganten Salto aus der einen in die andere Mappe. Ich stelle mir vor, wie in dieser Weise erzogene Kinder irgendwann einem echten Ordner aus Pappe begegnen, in dem reale Blätter liegen. Sie werden ähnlich verwundert reagieren wie Stadtkinder, die beim Urlaub auf dem Bauernhof herausfinden, dass die Milch dort aus dem Euter einer Kuh kommt.

Der Computer ist kein dummes Ding, aber ganz gewiss auch keines, auf dessen Qualitäten als kluges Ding wir uns verlassen können. Er verführt die meisten Nutzer, ihn zu verwenden, ohne zu verstehen, wie er funktioniert; die Programme verschleiern ihre digitale Abstraktion und geben vor, anschaulich und pseudomechanisch zu sein – wir verschieben Bilder und Symbole, greifen nach ihnen, legen sie ab, senden sie fort, bewahren sie auf.

Viele der Versprechen, dass Computer die Verschwendung von Zeit und Kraft für stupide Arbeiten abschaffen, die Intelligenz des Menschen fördern, die Umwelt schonen, haben sich nicht erfüllt. Suchmaschinen haben sich in Spionagesysteme verwandelt, welche mit immensem Energieaufwand mithelfen, überflüssige Dinge an ausgespähte Kunden zu verkaufen. Statt Sprachen zu lernen und Orthografie zu trainieren, sitzen Kinder in elektromagnetischen Feldern und versinken in Videospielen, in denen sie vor allem lernen, bewegliche Ziele zu treffen.

Computer und das Internet haben seltener Ungebildeten und Armen Zugang zu reicherem Wissen verschafft, als es einer Finanzelite ermöglicht, mit den Ressourcen des Planeten ein globales Monopoly zu spielen.

Bleistiftspitzer

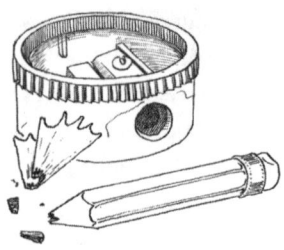

Kindern zeigen wir, dass ein Stück Blei, wie wir es zum abergläubischen Gießen an Silvester benutzen, auf dem weißen Papier einen blassen Strich hinterlässt. Der Bleistift, den wir heute kennen, schreibt aber nicht mit Blei, sondern mit Grafit. Er ist eines der intelligentesten Schreibwerkzeuge, von unübertroffener Bequemlichkeit und Ökonomie. Keine Füllfeder, kein Kugel- oder Faserschreiber kann so viele Zeichen mit so hoher Verlässlichkeit und so guter Überschaubarkeit für so wenig Geld bieten. Die färbende Mine ist von einem Mantel aus Holz umgeben, der sie bruchsicher macht. Abgenützt, versteckt sie sich in einem Holzkragen; der Bleistift muss gespitzt werden.

Meine Mutter nahm ein scharfes Federmesser und schnitt fünf bis sieben Späne so geschickt ab, dass die Bleistiftspitze wieder frei lag und die Mine einen feinen Strich zeichnete. Wir brachten ihr unsere Bleistifte, wenn die »Bleistiftspitzer« in unseren Federmäppchen die Mine abgedreht hatten. Diese Spitzer sind meist ein Stück Plastik oder Metall mit einem kegelförmigen

Loch und einem winzigen Messerchen über einer Öffnung, durch die der in einer Drehbewegung abgehobene Span austritt.

Die meisten dieser Spitzer sind für ihre Aufgabe wenig tauglich; sie sind dumme Dinge. Nur teure Geräte spitzen zuverlässig. Höchste Schärfe ist nötig, um Holz und Mine in einer Drehbewegung so glatt zu durchschneiden, dass eine empfindliche Mine nicht immer wieder bricht, weil die Scherkräfte zu groß sind. Wie aber eines der winzigen Messerchen schärfen, selbst wenn es noch nicht in Plastik eingegossen ist, sondern dank einer Schraube gewechselt werden kann?

In Katalogen, die sich den Kampf gegen die schlechten Dinge zum Programm gemacht haben, fand ich einmal Geräte einer baskischen Firma, die früher Waffen herstellte und jetzt für einige hundert Euro den perfekten Spitzer mit Handkurbel und Spanschublade anbietet. Aber jedes gepflegte Taschenmesser tut denselben Zweck und erspart einige Stunden Feldenkrais- oder Montessori-Pädagogik. Es weckt die schlummernden Fähigkeiten, die eigene Feinmotorik so zu ordnen, dass eine fünf- bis sechsseitige, perfekte Spitzenpyramide entsteht.

Der Spitzer ist ein gutes Beispiel dafür, wie schnell wir regredieren. Wer sich zu viel über Minenbruch geärgert hat, kauft einen Minenhalter aus Metall mit Vorschiebe-Automatik, den sogenannten Dreh- oder Fallbleistift. Er versucht gar nicht, Holzbleistifte mit einer scharfen Klinge ordentlich zu spitzen. Weil er es nicht versucht und nicht übt, misslingt es ihm, wenn er es einmal probiert.

Cadillac

Die Standardausstattung für einen Cadillac Seville 1997 umfasst ein elektronisches System, das die Spurhaltung übernimmt und den Straßenzustand erkennen kann. Dazu kommt ein für den Alltag viel zu starker Motor mit 32 Ventilen und acht Zylindern. Die Scheibenwischer gehen bei Regen von selbst an; die Scheinwerfer schalten sich ein, wenn die Sicht schlechter wird, es gibt natürlich ABS und Airbags, eine Klimaanlage und eine Motorelektronik, die den Verlust der Kühlflüssigkeit dadurch kompensieren kann, dass sie jeden zweiten Zylinder abschaltet und somit eine provisorische Luftkühlung installiert. Die Bequemlichkeit des Fahrers sichern Leder und Edelholz, aber auch ein Computer, der die einmal programmierten Daten für Sitzposition, Außenspiegel und sogar die Lieblingssender im Radio einstellt, sobald man Platz nimmt.

Dieser elektronische Butler speichert die Daten zweier Fahrer. Er reguliert dann Spiegel, Sitze und Radio automatisch. Gerne male ich mir aus, wie ein Cadillac-Besitzer mit ausgerenktem Hals und krummem Rücken seinem Gefährt entsteigt, den Klang von Sendern im Ohr, die er partout nicht leiden kann, weil er den Computer-Butler nicht bedienen konnte, nun wiederum ihn zu bedienen. Ich sehe ihn mit brechenden Fingernägeln nach einem Rad suchen, mit dem er die Sitzneigung ändern kann, und mit der Faust auf ein Display schlagen, weil es keinen Knopf mehr gibt, mit dessen Hilfe man Sender einstellt.

Schließlich tritt er mit dem Gang des gealterten John Wayne nach einem langen Ritt an den Counter und muss sich von einem wahnsinnig netten Cadillac-Verkäufer versichern lassen, sein Problem sei lächerlich leicht zu lösen. Dann bringt der Schnösel mit drei Eingaben alles in Ordnung, Eingaben, die so simpel sind, dass unser Fahrer sie bereits vergessen hat, sobald er – richtig beschallt, richtig sitzend, mit guter Sicht in die Rückspiegel – die Werkstatt verlässt.

Drucker

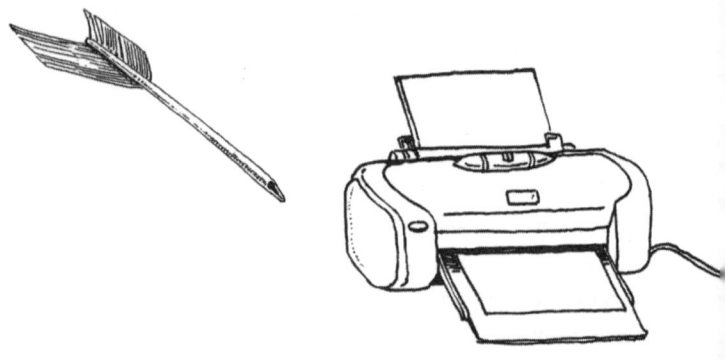

Eine Pointe der Neuzeit: je fortschrittlicher die Beschriftung, desto vergänglicher die Schrift. Die Ziegeltafeln und Porphyrstelen der Könige Babylons, die Hieroglyphen altägyptischer Reiche können wir noch lesen, als seien sie gestern aufgezeichnet worden; illuminierte Manuskripte des Mittelalters und die gedruckten Bücher der Gutenberg-Enkel stehen in den Bibliotheken und halten unerschütterlich ihr Schwarz auf Weiß. Seit aber Papier industriell produziert und bedruckt wird, lösen sich viele Blätter auf. Die Seiten werden brüchig und vergilben; ihr Greisenalter beginnt gleich nach der Kindheit. Unübertrefflich in dieser Hinsicht ist ein Faxgerät, in das Thermopapierrollen eingelegt werden. Was ich damit schriftlich bekomme, ist in einem Jahr unleserlich.

Schnelle Texte

Neulich erhielt ich das jüngste Buch eines befreundeten Wissenschaftlers, eine Sammlung seiner Aufsätze und Vorträge, die er zu verschiedenen Anlässen gehalten und nun geordnet hatte. Ich las ein wenig darin und stutzte plötzlich: Der Text kam mir jetzt bekannt vor, ich hatte ihn doch eben schon ...? Zurückblättern führte auf die richtige Spur: Tatsächlich stand derselbe Abschnitt auch in einem vorigen Kapitel, der Autor hatte das Selbstplagiat entweder übersehen oder für harmlos gehalten.

Ich bin einer der Autoren, die nicht diktieren, sondern eine sinnliche Beziehung zu ihrem Schreibgerät aufbauen. Daher habe ich auch lange gezögert, meine Geliebten Dora Olivetti und Monica Olympia aufzugeben. Sie passten überall hin, ich konnte die meisten Defekte selbst reparieren und musste nie nach einer Steckdose suchen, was in dem von mir bevorzugten Ferienquartier ohnehin scheiterte. Inzwischen versorge ich ein Notebook mit dem Strom der Solarzelle, die auf dem Dach des Hauses liegt, weil ich es auf die Dauer zu unbequem fand, in den Ferien Getipptes in den Computer einzugeben.

Warum hatte ich mich umgestellt? Ein Teil war Zwang: Viele Zeitschriften und Verlage wollen nur noch drucken, was ihnen digitalisiert geliefert wird. Ein Teil war Angst: Wollte ich mich wirklich von einer Technik ausschließen, die – ob ich damit einverstanden bin oder nicht – unsere Zukunft gestalten wird? Die Faszination stellte sich erst schrittweise ein, als ich mein Schreibprogramm allmählich beherrschen lernte. »Beherrschen« ist übertrieben; es ist eher so, dass ich in seiner elektronischen Wildnis einige Trampelpfade angelegt habe, auf denen ich mich sicher bewege und das wiederfinde, was ich gestern gearbeitet habe.

Kein Medium ist so unbarmherzig wie ein Computer, wenn es darum geht, die Arbeit von Tagen oder Wochen verschwinden zu lassen. Wenn ich früher, von Monika Olympia oder Dora Olivetti begleitet, in einem neuen Aufsatz einen Gedankengang wiederholen wollte, über den ich schon einmal etwas schrieb, dann musste ich mir den Text holen und ihn abschreiben. Das war öde; deshalb verfasste ich lieber gleich einen neuen Text, in dem ich den Gedankengang variierte und, wie es Kleist über die Verfertigung der Gedanken beim Sprechen sagt, auch auf andere Einfälle oder genauere Formulierungen kam. Jetzt stocke ich, wenn ich zu einem Gedanken komme, den ich schon einmal aufgeschrieben habe. Ich kann es bequemer haben! Der Computer hat es doch schon! In ihm bleibt, durch Sicherheitskopien geschützt, alles erhalten, was ich jemals formuliert habe.

Ich klicke die bereits vorhandene Datei an, durchsuche den Text nach passenden Passagen, kopiere sie mit demselben Aufwand, den es mich früher kostete, drei Buchstaben zu schreiben, füge sie ein. Der Computer nummeriert Seiten und Fußnoten automatisch neu. So produziere ich Texte an einem Tag, zu denen ich früher Wochen benötigt hätte.

Aber was sind diese Seiten, die so billig zu haben sind, noch wert? Jede Verwöhnung hat ihre eigenen Gefahren. Durch die scheinbar unbegrenzten Möglichkeiten der Selbstmultiplikation wächst die Neigung, drauflos zu kopieren. Auf dem Bildschirm sieht der Text perfekt aus. Er ist es aber nicht, er steckt voller Wiederholungen. Ich verbringe, seit ich mit dem Computer schreibe, viel mehr Zeit mit Korrekturen. Meine »mechanischen« Bücher waren präziser.

Seit ich meinen Freund ertappt habe, bin ich doppelt vorsichtig geworden, aber dennoch erliege ich wieder der Verführung, während einer Pause oder mitten in einer Argumentation klick-klickediklick ein Zitat, eine Literaturangabe, ein paar Seiten Text aus dem Speicher zu holen. Zeitersparnis? Was ich voreilig in einen Text kopiert habe, werfe ich fast immer in der nächsten Bearbeitung wieder heraus, es passt doch nicht. Weiter führt die Überfütterung der potenziellen Leser mit einem Gemisch aus Aufgewärmtem und Frischem dazu, dass schludriger argumentiert und weniger gelesen wird. Ich weiß nicht, ob dazu empirische Studien existieren, aber ich bin überzeugt, dass zahllose Druckwerke nicht erworben werden, um sie zu lesen – im Gegenteil: Der Kauf *erspart* die lästige Leserei.

Alle wollen reden, keiner hört zu. Wir nähern uns dem Punkt, an dem in den Geisteswissenschaften die Zahl der Wiederholungen jene der Originale übertrifft: Auch bei gutem Willen kann niemand mehr alles lesen, was zu seinem Thema schon veröffentlicht ist; daher wird Forschung mehrfach gemacht. Solche unfreiwilligen Plagiate sind häufiger als die absichtlichen, die schließlich voraussetzen, dass man einen Text gefunden hat, von dem man dann abkupfert.

Es gab eine Zeit, da mussten die Dichter alles auswendig wissen, was sie geschaffen hatten. Was nicht so überzeugte, dass andere bereit waren, es zu erlernen, wurde vergessen. Die Schrift hat das geändert, sie ist nach den melancholischen Sätzen von Claude Lévi-Strauss (in »Traurige Tropen«) ein Mittel gewesen, Menschen zu unterdrücken, ehe sie in die Lage kam, ihren Geist zu erleuchten.

Geschrieben wurde zuerst dort, wo es galt, Machtstrukturen aufzubauen (Landeigentum, Bewässerungsanlagen, Dokumente über Schulden, über religiöse und gesetzliche Vorschriften, über Sklaven und Herren). Aber auch die geschriebene Schrift erhielt noch den Respekt vor dem Wort, einfach dadurch, dass es mühsam war, eine Seite abzuschreiben. Textverarbeitung klingt so industriell, wie sie in der Tat abläuft. Wir ertrinken in einer Flut von mühelos kopierten Trivialitäten.

Dusche

Kann eine Dusche dumm sein? Sind vielleicht alle Duschen dumm, die den in Kriminalromanen beliebten viertel- bis halbstündigen Aufenthalt im strömenden Wasser zulassen, wenn der Held sich von blutigen Erinnerungen befreien muss? Für das Toskana-Haus, wo es nur eine Zisterne, aber kein fließendes Wasser gibt, hatte ich eine kluge Dusche gefunden. Sie bestand aus zwei dicken Gummischläuchen mit Ventilklappen, die durch Bandeisen fest verbunden sind und Trittflächen aus Gummi tragen, auf denen ich beim Duschen stehe. Dazu kamen Anschlüsse an zwei Gartenschläuche – einer führte in ein Gefäß mit Wasser, der zweite zu einer Handbrause. Wenn ich das Körpergewicht von einem auf den anderen Fuß verlegte, saugten und pumpten die federnden Gummibälge unter den Trittbrettern Wasser in die Brause.

Diese Dusche kostete rund vierzig Mark; ich hatte sie in einem Laden für Campingbedarf erworben. Sie belehrte mich, wie viel Wasser ich für ein Duschbad brauchte, und leistete damit mehr als alle hundert- bis tausendmal teureren Duschen, die in Wohnungen und Häuser eingebaut werden.

Im Sommer stellten wir, wenn wir warm duschen wollten, einen geschwärzten Eimer in die Sonne. Im Winter brannte das Kaminfeuer – wenn der Kupferkessel über den Flammen gefüllt war, reichte er für zwei warme Duschbäder.

Anfangs lösten sich die Steckverbindungen der Schläuche. Dank der einleuchtenden Konstruktion war es nicht schwer, mit Schlauchklemmen aus rostfreiem Stahl Abhilfe zu schaffen. Dann tat diese Dusche viele Jahre ihren Dienst.

Eine andere, intelligente Dusche ist die geschwärzte Gießkanne an einem passenden Ast, die mithilfe eines Seiles geneigt werden kann. Das Diogenes-Modell ist die Plastiktüte im Bach (dessen Gumpen im Hochsommer kaum für ein Tauchbad reichen): Man füllt die Tüte prall und gießt sie langsam über den erhitzten Leib. Das macht noch mehr Spaß zu zweit.

Einbauschloss

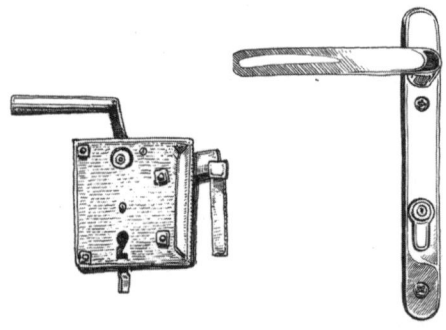

Wer Geräte warten und pflegen kann, erwirbt eine unersetzliche Einsicht, die Machiavelli für Ärzte wie für Politiker gleichermaßen formuliert hat. Solange Übel leicht zu beheben sind, sind sie auch schwer zu erkennen; sobald sie aber leicht zu erkennen sind, sind sie schwer zu beheben. Während Technik, die gewartet werden darf, unseren Geist darin schult, kleine Übel rechtzeitig zu erkennen und Abhilfe zu schaffen, so lange diese noch mit einfachen Mitteln möglich ist, entfaltet die Technik der Konsumgesellschaft ein pädagogisches Programm, das mir besonders eindrucksvoll in einem griechischen Hotel begegnet ist.

Es lag am Piräus, wo das Meer nahe ist und Eisen schneller rostet als anderswo. Als ich die Toilette in der Halle aufsuchte, gelang es mir nur mit Mühe, die Tür abzuschließen. Beim Versuch, die Tür wieder zu öffnen, brach der Schlüssel im rostbefallenen Schloss. Ich rief um Hilfe und musste eine halbe Stunde ausharren, ehe mich jemand hörte. Nach kurzer Diskussion durch die verschlossene Tür holte der Hotelbesitzer einen schweren Hammer und zertrümmerte das Türblatt um das Einbauschloss herum.

Solange jeder ein Türschloss sehen und den Rost in ihm wahrnehmen konnte, haben die Menschen ihre Schlösser gesäubert und gelegentlich mit Öl versorgt. Auch benötigt eine Toilettentür kein verborgen eingebautes Schloss und keinen brüchigen Schlüssel. Ein einfacher, sichtbarer, kräftiger Riegel erfüllt seinen Zweck vollkommen und sagt auf den ersten Blick: geschlossen. Jeder Schmied und Schlosser machte früher solche Riegel. Sie sagen nicht nur ihre Funktion jedem, der sie sieht, sondern teilen auch ihre (geringen) Bedürfnisse nach Pflege mit.

In der Konsumwelt wird solche Pflegebedürftigkeit übersehen und die Mechanik unsichtbar gemacht. Das schaut dann glatt und schick aus, bis … siehe oben.

Manche Produkte der Konsumgesellschaft sind wirklich wartungsfrei, andere tun nur so und werden unbrauchbar. In jedem Fall sorgen sie nicht dafür, dass der Nutzer sie versteht und etwas für ihr Wohlergehen tun kann. Die gut zugängliche, zuverlässige, leicht mit Schmiermittel zu versorgende Struktur der alten, außen liegenden Kastenschlösser wurde schon im 19. Jahrhundert durch die verdeckte Mechanik der eingeschobenen Schlösser ersetzt: elegant, aber mit erschwertem Zugang für den Blick des Nutzers und sein Ölfläschchen.

Die meisten alten Getriebe, zum Beispiel an Winden oder an der bäuerlichen Häckselmaschine, arbeiteten mit sichtbaren Zahnrädern, die nicht nur auf den ersten Blick verständlich waren, sondern auch zeigten, dass sie regelmäßig geschmiert werden mussten.

Die einfachste Form der Wartung ist die genaue Betrachtung (Inspektion). Durch sie werden Fehlfunktionen früh erkannt. Um sie vornehmen zu können, muss der Benutzer eine Vorstellung von dem Aufbau und der Funktion der einzelnen Teile seines Geräts erwerben.

Unter dem Aspekt der Bequemlichkeit und der Herstellung von Expertenabhängigkeit ist die wartungsfreie Technik überlegen. Sie verdummt aber den Nutzer und grenzt ihn aus (oft buchstäblich, weil wartungsfreie Technik fast immer hinter Gehäusen verborgen ist und oft nicht repariert, sondern ausgetauscht wird). Solche Technik ist ein pädagogischer Fehlgriff. Wie soll, wer sich mit ihr abgefunden hat, sich täglich klarmachen, dass sorgfältige Pflege Funktionen erhält und Lebensdauer verlängert?

Einmalbesteck

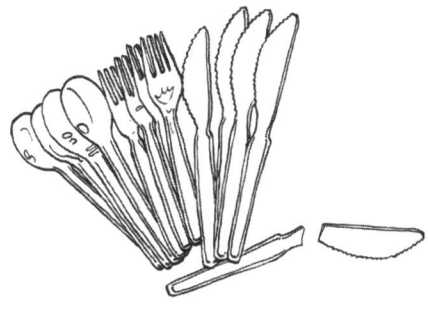

Im Januar 2015 sprach ich mit einer Chirurgin, die sich für Notfallmedizin engagiert. »Bisher hatten wir immer die nötigen Instrumente auf einem Sieb vorbereitet; sie kamen aus der Sterilisation. Dann hat es in einem großen Krankenhaus einen Skandal gegeben, weil die Operationsbestecke nicht perfekt sauber waren. Es ist gar nichts passiert, die Sache wurde auch abgestellt, aber eine Fernwirkung war, dass uns vorgeschrieben wurde, nur noch mit Einmalbesteck zu arbeiten. Das ist erstens oft schwierig und medizinisch riskant, weil es gar nicht alles als Einmalbesteck gibt, was ich brauche. Und zweitens: Sie können sich nicht vorstellen, wie viel guter rostfreier Stahl jetzt einfach weggeschmissen wird. Es hätte sich sicher eine andere Lösung finden lassen, aber wir sind gar nicht gefragt worden.«

In einem Punkt muss ich widersprechen: Ich kann es mir sehr gut vorstellen. Man muss nur einmal im Flugzeug sitzen, um die ganze Absurdität der Einmalbestecke auf sich wirken zu lassen. Was das chirurgische Beispiel so lehrreich macht, ist die geradezu wahnsinnige Energie, mit der die Einmalidee durchgesetzt wird, gegen das wohlverstandene Interesse sowohl der Umwelt wie der ärztlichen Tätigkeit. Ein dummes Ding vernebelt das Denken der Wissenschaft so sehr, dass die betroffenen Fachärzte gar nicht gefragt werden, was sie von dem Raub an ihren vertrauten Werkzeugen und deren Ex-und-hopp-Ersatz halten. Weder die Nöte der Ärzte noch die Tatsache, dass es bisher funktioniert hat mit dem Sterilisieren der Instrumente, kann die neue Organisation stoppen.

Wer solche Entscheidungen analysiert, entdeckt das Rechenmodell eines Ökonomen, der von Grund auf überzeugt ist, dass alle Entscheidungen, in denen handwerkliche Arbeit durch ein Industrieprodukt ersetzt werden kann, gute Entscheidungen sind. Um dieses Vorurteil bestätigen zu können, beginnt der Ökonom zu rechnen, ohne die Betroffenen zu fragen, ob es nicht eine handwerkliche Lösung gibt, die mit weniger Aufwand mehr erreicht. In seiner Rechnung spielt alles keine Rolle, was er auf andere (beziehungsweise die Umwelt) abwälzen kann.

Wenn die Verantwortlichen dafür sorgen, dass sich alle Beteiligten (und womöglich auch noch ein Umweltbiologe) an einen Tisch setzen und verhandeln, finden sie vielleicht eine solche Lösung. Das wären beim chirurgischen Einmalbesteck die Notfallärzte, die Mitarbeiter der Sterilisation und die Kostenkontrolleure, im Flugzeug die Flugbegleiterinnen, der Catering-Service und die Passagiere.

Dumme Dinge werden nicht dadurch intelligenter, dass wir uns über sie entrüsten. Sie sind meistens in irgendeiner Dimension gut und oft auch gut gemeint, sie rechnen nur nicht mit dem menschlichen Faktor und ignorieren den Schaden für die Allgemeinheit. »Diese Menschen sitzen sämtlich wie die Raupe auf einem Blatte, jeder glaubt seines sei das beste, und um den Baum bekümmern sie sich nicht.« So hat es Heinrich von Kleist Anfang des 19. Jahrhunderts in einem Brief formuliert.

Beim Militär ist es üblich, dass jeder Soldat sein Besteck bei sich trägt, einer der wenigen ökologischen Gedanken in einer sonst nicht gerade von Intelligenz gesegneten Einrichtung. Ein Besteck zu konstruieren, das jeder Flugreisende mitbringen muss, wäre eine hübsche Aufgabe für eine Designklasse: Besser gemacht als der übliche Plastikmüll, ungeeignet als Waffe für Piraten. An den schönen Fuhrmannbestecken, die Reisende zu Heinrich von Kleists Zeiten mit sich führten, können die Designer in unseren gleichzeitig so viel sichereren und doch dramatisch unsicheren Zeiten so wenig anknüpfen wie an dem Jagdnicker, der in die Lederhose der bayerischen Männertracht gehört.

Elektrische
Küchenhelfer

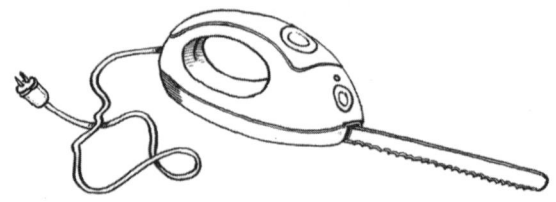

Manchmal erleichtert ein Elektromotor wirklich die Körperpflege, bei Zahnbürsten etwa und Rasierapparaten. Oder er nutzt in der Küche, wie ein Mixer, vielleicht auch eine Kaffeemühle. Er raubt die Möglichkeit, uns zu üben, aber wir bekommen auch eine Gegenleistung.

Aber die Dummheit in den elektrifizierten Fortschritten wird manchmal unübersehbar: Ein Korkenzieher, der die Hebelkraft nutzt, arbeitet ebenso wirksam und viel eleganter als alles, was da mit Elektromotor und womöglich auch noch Akku angeboten wird. Das Gleiche gilt für den elektrischen Dosenöffner oder eine Parmesanmühle mit Motor. Ein elektrischer Brot- und Wurstschneider in einem Familienhaushalt ist ebenso unsinnig.

Die Arbeit geht nicht schneller vor sich, gesunde Bewegung weicht dem blinden Konsum von Energie und Material, die für manche Tätigkeiten nötige Geschicklichkeit wird den Nutzern geraubt. Vielleicht hat die Abschaffung der Sklaverei eine unerfreuliche Komponente in der menschlichen Persönlichkeit nicht mitabgeschafft. Aus ihr wächst die sinnlose Erfindung und Beschäftigung solcher Kleinkraftsklaven. Vermitteln sie den narzisstischen Triumph, das Leben zu pilotieren wie ein Flugzeug, möglichst viele Tätigkeiten abzutreten? Lassen sie uns vergessen, dass wir nicht allein Gehirn, sondern auch Körper sind und dass dieser Körper sich nur aufbaut und erhält, wenn er alle Bewegungsmöglichkeiten ausschöpft?

Ein Extrem dieser unbewussten Haltung findet sich in der Science-Fiction-Serie Stargate. Dort spielen Parasiten eine wichtige Rolle: Sie sehen aus wie fette Maden, haben aber die Kraft, in menschliche Körper einzudringen und sich diese zu unterwerfen.

Elektronische Waage

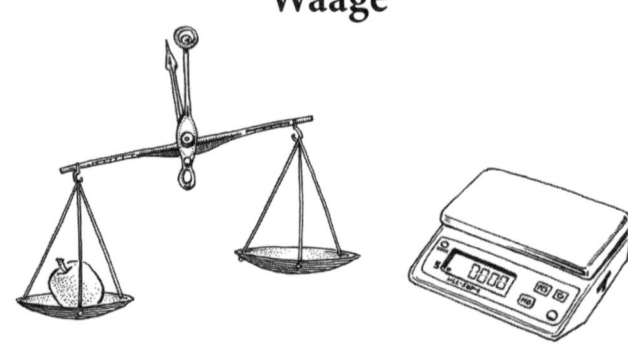

Niemand braucht elektronische Waagen im Badezimmer oder im Haushalt. Ihre Arbeit kann schöner, verlässlicher, weniger störanfällig und sinnlich eindrucksvoller durch Gewicht und Hebel geleistet werden. Meine Waagengeschichte ist ein wenig verwickelt und persönlich, aber ich erzähle sie doch. Während einer Jemenreise hatte eine Tochter die Wohnung gehütet und – gegenwärtig mit Abnehmen beschäftigt – eine elektronische Körperwaage in unserem Badezimmer zurückgelassen. Ich ärgerte mich schon lange über Rettungsringe, hatte mich aber noch nie regelmäßig gewogen oder ernsthaft versucht, abzunehmen. Jetzt, verlockt durch das Flimmerding, das grammgenau anzuzeigen versprach, probierte ich es. Ich stellte fest, dass sich mein angesichts der mehr auf Überleben als auf Lustgewinn abgestellten jemenitischen Küche fast normal gewordenes Gewicht in deutlich messbaren Schritten wieder in den vertrauten, um einige Kilo zu hohen Bereich bewegte. Die Waage war schwierig abzulesen, weil die Anzeige flimmerte und man sie von oben oft nicht gut sah. Aber sie behauptete, aufs Gramm genau zu sein.

Ich beschloss, mein Idealgewicht[12] zu erreichen – ohne spezielle Diät, aber mit dem Verzicht auf Bier und Wurst, mit dem Aufhören vor dem Übersättigungspunkt. Die elektronische Waage war anfangs ein nützlicher Helfer, denn sie zeigte Tugend und Sünde sofort. Sie meldete, dass eine längere Radfahrt und ein sparsames Abendessen ein Minus von fünfhundert Gramm ergeben, ein Schweinebraten mit Bier dasselbe in Plus. Die Federwaage, die bisher im Badezimmer stand, gab keine solchen Rückmeldungen. Sie war ungenau und um ein paar Kilo zu freundlich, ähnlich wie die meisten Autotachometer ein paar Kilometer zu schnell sind.

Eines Tages wurde die Waage verrückt. Sie zeigte bald zwei Kilo zu viel, bald dreißig zu wenig, bald wieder einen genauen Wert. Lag es an der Batterie? Sie hätte viele Jahre halten sollen. Dennoch wechselten wir sie aus. Der Laden, in dem meine Tochter die neue Batterie kaufte, hatte kein Gerät, um zu messen, ob nicht die alte noch taugte. Die Waage ging erst einen Tag und spielte dann wieder verrückt.

Ich versuchte es mit dem Kontaktspray, das mir schon so manchen Weg in die Autowerkstatt erspart hat. Die Waage funktionierte diesmal zwei Tage.

Im Manufactum-Katalog gab es eine mechanische Waage mit Schiebegewichten in Hundertgrammschritten, die man in Standhöhe ablesen konnte. Ein großer Gewinn an Lesbarkeit und Stabilität, aber ein schwerer Verlust für den Geldbeutel. Also zügelte

---

[12] Veraltete, aber brauchbare Regel zum gesunden Gewicht: Normal ist die Zahl der Zentimeter über 100 in Kilogramm. Ideal sind zehn Prozent weniger.

ich meine Sehnsucht nach der *Seca Alta*, wie die mechanische Konstruktion hieß, und hielt Ausschau auf dem Flohmarkt.

Aber zuerst zu Manufactum.

Seit seinen winzigen Anfängen bin ich ein Leser des Katalogs und – weniger begeistert – Kunde des Hauses. Die dort vertretene Haltung zu den Dingen, die Abneigung gegen Ex und Hopp, das Interesse für Materialien und Reparaturfreudigkeit sprachen mir von Anfang an aus dem Herzen. Je dünner die Kataloge waren, desto lieber las ich sie und habe manches aus ihnen gelernt.

Inzwischen finde ich das Unternehmen zu sehr von Elitedenken, Gewinnstreben und einem wachsenden Geltungsbedürfnis durchtränkt. Freilich, wenn ich es mit anderen Märkten vergleiche, die ihren Kunden mit hohlen Versprechungen und schundigen Produkten das Geld aus der Tasche ziehen, breche ich jederzeit nicht nur eine, sondern viele Lanzen für das (inzwischen vom Otto-Versand verschluckte) Angebot der »guten Dinge«. Schundartikler sind nicht wert, mit Namen genannt zu werden.

Mechanische Lösungen

Nach wie vor ist der Manufactum-Katalog eine Hilfe, um sich auf dem Flohmarkt zu orientieren, wo wir beispielsweise Telefone mit Wählscheibe um fünf Euro und nicht um dreihundert finden können, wo Fleischwölfe, Waagen, Uhren, Fotoapparate und wohlerhaltene Werkzeuge auf den Kenner warten. Dort schmachten die guten alten Dinge einem Retter entgegen, der sie aus Wüsten von Nippes und Schrott erlöst.

Ein Teil der Münchner Flohmärkte ist in türkischer Hand. Das wundert niemanden, der durch die Gassen der Altstadt von Istanbul zum großen Basar gegangen ist. In der Türkei gibt es, wie überall im Orient, im Straßenmarkt auch den alten Mann, der ein paar Kröten verdient, weil er anbietet, Passanten zu wiegen. Hier stehen die alten medizinischen Personenwaagen des Westens am Straßenrand, poliert und bewacht. Ein türkischer Flohmarkt-händler hat ein Auge für eine mechanische Personenwaage.

Tatsächlich begegnete mir die *Seca Alta* auf dem Flohmarkt am Ostbahnhof, ein wenig verkratzt, kein innerer Rost. An der Schraube für die Feinregulierung hing eine Petroleumlampe, auf der Standfläche lag ein Stapel zerlesener Playboyhefte. Der Händler bot sonst vor allem Staubsauger und gebrauchte Fernsehgeräte an. Wir kamen ins Gespräch. Ich räumte die Waage ab, probierte sie aus, sie schien genau zu sein.

Ich habe sie quer durch die Stadt mit dem Fahrrad nach Hause gebracht, auf dem Gepäckträger, durch den Regenmantel notdürftig gepolstert. Der Händler verkaufte sie für 40 Euro, wollte aber ebenso viel dafür haben, wenn er sie mir nach Schwabing bringen müsste.

»Bist du verrückt? Niemand verkauft doch eine Waage, die noch geht.«

Meine Tochter ist im Geist der freien Meinungsäußerung erzogen. Das hält die Eltern jung und verhindert ihre Versteifung in Würde. Sie war über die *Seca Alta* empört, weil diese – anders als die Federwaage in ihrem Zimmer – ein Kilo »zu viel« anzeigte. Ich suchte nach einem Gewicht, um die Waage zu eichen. Endlich fand ich eine Hantel mit Eisenscheiben.

Auf dem Flohmarkt gibt es stets ein großes Angebot an Trimmgeräten, die einst voll Enthusiasmus erworben wurden und nun den Besitzer durch ihre Staubschichten so beschämen, dass sie billig zu haben sind. Diese Hantel ist ein massives Ding. Sehr viel gebraucht wird sie auch bei uns nicht. Sie trug Scheiben von je zweieinhalb Kilo.

Die *Seca Alta* zeigte vier Kilo und achthundert Gramm.

Jetzt wurde ich neugierig.

Ich holte die Küchenwaage aus dem Schrank, ein Erbstück meiner Mutter mit verschiebbaren Gewichten, im Prinzip dem Mechanismus der *Seca Alta* vergleichbar. Ich korrigierte mit dem Eichgewicht die Nullstellung und wog die Hantelgewichte.

Auch sie zeigte vier Kilo und achthundert Gramm für die beiden Metallscheiben mit dem gegossenen Zeichen 2.5 KG.

Eine einzelne wog exakt 2 400 Gramm.

Ihr Fitnessgläubigen – möge die Last eurer Hanteln leicht sein!

Ihr Übergewichtigen – möge die Waage freundlich zu euch sein!

Messen und wiegen

Maß und Gewicht sind fast so ehrwürdige Dingzusammenhänge wie Hammer und Sichel. Die alten Waagen sind kluge Dinge, die uns viel über die menschliche Neigung zu Illusionen sagen. Der Kraftaufwand, mit dem wir etwas heben, richtet sich zum Teil nach dem Widerstand der Schwerkraft, zum Teil aber auch nach unseren Phantasien über Volumen und Gewicht. Wollen wir wissen, wie schwer etwas ist, legen wir es nicht einfach auf die Hand, wir heben es mehrmals etwas hoch und prüfen sozusagen den Widerstand gegen die Erdanziehung. Wir vertrauen auf die Spannung in unseren Muskeln, die uns sagt, welche Kraft wir ausüben müssen.

Wenn wir das Gewicht von Eisenstücken oder Brotlaiben jeweils mit dem anderer Eisenstücke oder Brotlaibe vergleichen, finden wir leicht heraus, was schwerer ist. Jedoch ein Eisenstück zu finden, das genauso schwer ist wie ein Brotlaib, macht Mühe und gelingt selten. In unserem Kopf werden, ohne dass wir das beabsichtigen, ständig Welten konstruiert, um uns zu orientieren. Daher ist das kleine Eisenstück subjektiv noch schwerer, das große Brotstück subjektiv noch leichter, als es die tatsächliche Relation zwischen ihnen ausdrückt.

Wenn ein Bauer Getreide hat und ein zweiter Rüben, wird der Tauschhandel erleichtert, wenn es möglich ist, die Ware zu wiegen und nicht darüber feilschen zu müssen, wie schwer sie jeweils ist. Wer mag, kann sich ausmalen, welches Geschrei die Märkte vor der Einführung von Maß und Gewicht erfüllte, bis sich die Schätzungen trafen. Und für eine spätere Zeit kann er sich vorstellen, wie wichtig genaue Gewichte für einen ehrlichen Handel sind, wie der Besuch des Eichmeisters den betrügerischen Kaufmann verstört und misstrauische Hausfrauen ihr eigenes Gewicht in der Tasche tragen, um das Pfund des Metzgers zu prüfen. Seit ich ein griechisches Weinmaß mit eingeprägter Halbliterangabe nachgemessen und festgestellt habe, dass es nur 0,4 Liter fasst, sind meine Fragen lauter geworden, ob die gemeinsame Währung nicht vorschnell beschlossen wurde.

Die einfachste Waage ist auch die lehrreichste: die Balkenwaage. Die Gerechtigkeit hält auf alten Darstellungen eine solche Waage. Sie besteht aus zwei Schalen, die an beiden Enden des Waagbalkens hängen. Dieser wiederum ist in seiner Mitte beweglich und hält die Schalen so im Gleichgewicht, dass die eine sofort herabsinkt, wenn das Gewicht in ihr nur ein wenig schwerer ist. Um sehr kleine Abweichungen zu erkennen, ist das sprichwörtliche »Zünglein an der Waage« nützlich; es bewegt sich in der geteilten Aufhängung des Waagbalkens und fällt mit ihm zusammen, wenn das Gewicht in beiden Schalen gleich ist.

Diese Waage braucht Gewichte. Entweder lege ich ein Gewicht in die eine Schale und dann so viele Äpfel oder Getreidekörner in die andere, bis beide Schalen in die Waagrechte kommen. Oder ich lege das Huhn, das gewogen werden soll, in die eine Schale und setze passende Gewichte in die andere.

Im Haushalt meiner bäuerlichen Großmutter stand eine Schalenwaage mit einem Satz von Gewichten aus Gusseisen und Messing, einige davon mit interessanten, eingeschlagenen Stempeln, weil sie mehrmals geeicht worden waren. Hier verlief der Waagbalken unterirdisch in einem Stahlrahmen; zwei Zungen mussten auf gleiche Höhe kommen, dann war der Inhalt in der Waagschale genau so schwer wie die Gewichte auf der Waagplatte. Wenn Butter verkauft wurde oder das Mehl für einen Kuchen gewogen, leistete diese Waage ihren Dienst, sicher schon seit Generationen. Ich habe als Kind oft mit ihr gespielt und verschiedene Dinge gewogen.

Es gab im Hof, in einem Vorraum der Scheune, noch eine größere Waage, die mit ähnlichen Gewichten schwerere Lasten wog – darunter auch meine Mutter, die manchmal wissen wollte, ob sie zugenommen hatte, oder uns Kinder, die neugierig waren, was sie denn wogen und ob beispielsweise mein Bruder und ich zusammen schon schwerer waren als die Mutter. Es war eine Dezimalwaage, ein kluges Ding, das mit dem normalen Gewichtssatz der Küchenwaage und einigen etwas größeren Gewichten (es gab fünfeckige aus Eisen mit Bleieinguss und einem Ring, sowie runde mit einem Hals wie eine Flasche) schwere Säcke, Kisten, ganze Menschen, aber auch Schweine und Kälber wiegen konnte. Durch eine Hebelkonstruktion zwischen der Schaukel, auf die wir die Gewichte legten, und der tiefer gelegten, aus festem Holz gezimmerten Plattform für das Wiegegut wurden aus jedem Kilo zehn; das Fünf-Kilo-Gewicht entsprach also einem Zentner, zwei Fünf-Kilo-Gewichte dem Doppelzentner.

Auf dem Wochenmarkt in Passau benutzten die Händlerinnen noch eine andere Waage, die nach ihren Wurzeln in der Antike bis heute »römische Schnellwaage« heißt. Urlauber in Italien können sie manchmal noch in Funktion sehen. Hier wird ein Gewicht an einer skalierten Stange verschoben, bis die Schale mit dem Obst oder Gemüse ins Gleichgewicht kommt.

Die Küchenwaage meiner zweiten Großmutter, der städtischen Oma, war moderner und langweiliger. Sie brauchte keine Gewichte. Sie hatte eine Skala mit einem Zeiger, der zeigte, wie viel Gramm oben auf dem Teller lagen. Es war eine Federwaage. Das auf den Waagteller gelegte Gewicht drückte eine Feder nieder, die – je weiter sie gedrückt wurde – umso energischer in ihre Ausgangsform (die Nullstellung) zurückkehren wollte.

Faszinierend war die Briefwaage meines Großvaters, die ich von ihm geerbt habe und die heute auf meinem Schreibtisch steht: Modell »Columbus«, auf einem Fuß aus Gusseisen mit Jugendstilornamenten, mit zwei gegenläufigen Skalen, 0 bis 200 und 200 bis 1 000 Gramm. Wenn ich sie in Ruhe stehen lasse und gelegentlich abstaube, können sicher meine Enkel noch auf ihr ihre Briefe wiegen, ohne jemals eine Batterie gekauft zu haben

Waagen sind ein Beispiel dafür, wie uns Pseudoverbesserungen sinnliche Eindrücke und das mit ihnen verknüpfte technische Verständnis rauben. Glatte Oberflächen und Bequemlichkeiten gelingen auf Kosten von Lernmöglichkeiten und in ihrer Einfachheit eleganteren Lösungen. Lange Zeit verzichtete diese Entwicklung wenigstens darauf, im Wiegevorgang selbst Energie zu verschwenden und Sondermüll zu produzieren, wie das gegenwärtig die elektronischen Haushalts- und Personenwaagen, ja selbst Briefwaagen tun, die allesamt eine Batterie brauchen und den Nutzer durch flimmernde Digitalanzeigen irritieren.

Fernsteuerung

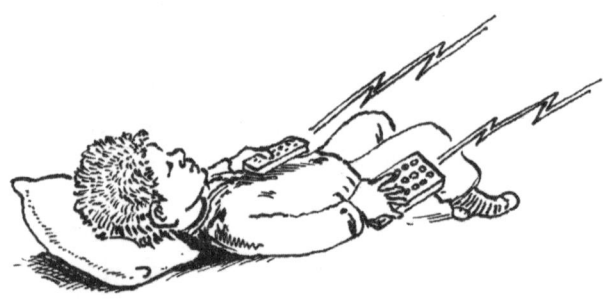

Die Fernsteuerung des Bildschirms erzwingt in der Regel den energieverzehrenden → Ruhezustand, weil sie eine Stromversorgung an zwei Orten benötigt, wo sonst eine genügen würde. Die Fernsteuerung ist ein dummes Ding, weil sie Bewegungen raubt, die sonst nötig wären, und jene sinnlos fragmentierten Abende schafft, in denen ein hypnotisierter Konsument von einem frustrierenden Kanal zum nächsten zappt. Der Zwang, aufzustehen und den Kanal mit eigener Hand zu wechseln, wäre eine heilsame Übung, die uns die Konstruktion der meisten modernen Fernseher gestohlen hat.

Zeit, die unsere Großeltern mit körperlicher Arbeit verbrachten, füllen unsere Kinder damit, unerwünschte Bilder wegzuzappen. Die in vergeblicher Hoffnung zerstückelte Zeit, die der teuflische Zauberstab der Fernsteuerung vielen Nutzern beschert, wird zum Symbol eines modernen Lebensgefühls.

In unserem Umgang mit Beziehungen – »ich habe Schluss gemacht«, mit der Arbeit – »in diesem Job werde ich nicht alt!« und mit Dingen – »ich kann diese Farbe nicht mehr sehen« – macht sich eine Ex-und-hopp-Gestik breit, die in Widerspruch zu unseren begrenzten Ressourcen gerät.

Experten gehen von einem durchschnittlichen Verhältnis von 11 000 Schul- zu 15 000 Fernsehstunden aus. Fernsehkinder werden so beschrieben: Sie haben Sprachprobleme, können keine Geschichte zusammenhängend erzählen und geraten angesichts des Bildschirms in einen Trancezustand, der sie jede Störung als lästig empfinden lässt.

Ihre Fähigkeit, Beziehungen mit anderen Kindern aufzunehmen und sich mit diesen auszutauschen, ist beeinträchtigt. Wenn es kein Programm gibt, dominiert Langeweile. Die Medienstrukturen setzen sich ins Innere der Kinder hinein fort. Sie sind geprägt von den extremen Anstrengungen der Werbeindustrie, die Aufmerksamkeit um jeden Preis festzuhalten. Fernsehkinder können nur starke Reize konzentriert verfolgen. Werden sie nicht stimuliert, erlahmt ihre Konzentration; sie »schalten ab«.[13] Eine wachsende Zahl der Schulkinder kann heute keinen Ball mehr fangen und nicht mehr auf einem Bein hüpfen, geschweige denn auf einen Baum klettern. Die Verletzungsgefahr im Sport oder beim Toben auf dem Schulhof wächst durch das Missverhältnis zwischen den Ansprüchen an die eigene Leistung und der motorischen Geschicklichkeit.

---

[13] Eicke, Wolfram und Ulrich: Medienkinder. Vom richtigen Umgang mit der Vielfalt. München 1994

Fernwärme

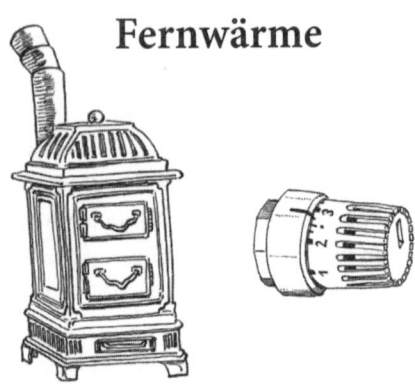

Viele Menschen stehen hilflos vor einem Haufen Holz und einem Ofen. Wo ist nur der Schalter für die Fernwärme, das Ventil, um den Heizkörper anzustellen? Wenn sie Urlaub in einer urigen Hütte gebucht haben, besorgen sie sich im Supermarkt »Anzünder«, stinkende Stücke aus Hartspiritus, mit denen man Holz oder Kohlen »problemlos« in Brand setzen kann.

Wer über Land geht oder fährt, sollte nicht nur Streichhölzer dabei haben, sondern auch wissen, wie man sie benutzt, um Wärme zu schaffen. Das Feuerzeug ist neben dem Taschenmesser die wichtigste Überlebenshilfe in unserem Klima. Der Wanderer aus der Steinzeit, der im Ötztal an der Eisgrenze gefunden wurde, trug ein Feuerzeug aus Stein und Zunderschwämmen bei sich. Sein Verhängnis war, dass er verletzt war und oberhalb der Baumgrenze vom Schneesturm überrascht wurde. In einem Wald wäre er nicht erfroren.

Obwohl die frühesten Forschungsreisenden gerne die Kluft zwischen sich und den Primitivkulturen vertieften, indem sie behaupteten, Völker angetroffen zu haben, die das Feuer nicht kannten, haben spätere Forscher diese Verdächtigungen durchweg widerlegt.

Die Feuerhege

Der dramatischen Fertigkeit des Feuermachens ging die Feuerhege voraus. In der Antike gab es in Tempeln die unauslöschlichen Feuer, die von einer eigenen Priesterkaste bewacht wurden, in Rom den Vestalinnen, die keusch sein sollten und kein anderes Feuer kennen durften als das heilige. Dieses »ewige Feuer« gehört zu den ältesten öffentlichen Einrichtungen; es brannte bei den Ägyptern, in Griechenland, in Babylon und bei den Azteken. Bis heute leuchtet es als »ewiges Licht« vor dem Altar der katholischen Kirche. Nur kommt niemand mehr auf den Gedanken, sich mithilfe dieser Einrichtung das eigene Feuermachen zu ersparen.

Ein Feuer am Brennen zu halten, ist eine elementare Form der Fürsorge, aus der wir viel über ökonomisches Vorgehen, die Einschätzung von Risiken und die komplexe Interaktion zwischen Verschwendung und Geiz lernen können.

So viel wie nötig, so wenig wie möglich ist ein Grundgesetz guter Beziehungen: Wenn ich nicht mehr Opfer bringe als nötig und soviel an Autonomie behalte wie möglich, erfülle ich mir und anderen zwar keine Liebesträume, aber ich kann meinen Alltag gut bewältigen und so eine Grundlage schaffen, auf der sich – wenn wir es beide wünschen – auch ein größeres Feuer entfachen lässt. Wer sich hingegen im Alltag verausgabt und immer gleich alles Holz aufs Feuer wirft, der hat nichts mehr zuzulegen.

So gesehen, ist die automatische Zentralheizung ein dummes Ding. Sie nimmt der Sorge um das Feuer, das einmal brennt und dessen Pflege der Pflege des Lebensfeuers so sehr gleicht, die dramatische Qualität. Das Feuer kann eingeschaltet werden, daher darf man es auch ausknipsen, der menschliche Dünkel, über das Leben verfügen zu können, wird so bestätigt und gereizt.

Die Menschen machen Feuer, seit sie Steinwerkzeuge benutzen, die man nicht anfertigen kann, ohne den Funken zu begegnen, die beim Absplittern von Flint entstehen, seit sie die Wärme kennen, die durch die Reibung von Stein oder Holz beim Schleifen von Werkstücken geschaffen wird. Diese Prinzipien bestimmen alle archaischen Feuerzeuge.

Ein Polynesier machte auf Tahiti in wenigen Minuten Feuer, indem er zwei ausgesuchte Holzstücke gegeneinander rieb. Dann gab er sein Feuerzeug Charles Darwin, der sich zwei Stunden damit abmühte, bis er eine Flamme zustande brachte. Wer sich die Szene vergegenwärtigt, ahnt etwas von den Charakterqualitäten eines großen Forschers. Die urtümlichen Feuerzeuge sind sehr viel klügere Dinge als das, was Raucher heute in der Tasche tragen und worauf sie nur einen Gedanken verschwenden, wenn es nicht funktioniert. Die Feuerhölzer der paläolithischen Kulturen werden aneinander gerieben, mit den Händen oder mit einer Bogenseite gedreht, manchmal wird auch noch der Bohrer durch ein Mundstück festgehalten und in das Bohrloch gedrückt.

Feuerzeuge

Das Streichholzprinzip haben die Aleuten vorweggenommen, die zwei raue Steine aneinander reiben, von denen einer mit Schwefel präpariert ist; die Inuit verwenden Pyrit und Quarz, in China wurden zwei Bambusstücke aneinander gerieben: Bambus enthält Kieselsäure, wie Quarz und Feuerstein.

Die dümmsten Werkzeuge beherrschen heute unseren Umgang mit dem Feuer: Gasfeuerzeug und Zündholz. Sie sind wirksam und billig; die Produktstruktur zwingt dem ökonomisch Denkenden hier die Dummheit geradezu auf. Denn die Geräte, die der Magie des Feuermachens näher sind, wie die Benzin-Feuerzeuge vom Typ des Zippo oder des billigeren, aber ebenso guten österreichischen Benzin-Sturmfeuerzeuges, sind längst nicht so verlässlich und schnell wie ein Zündholz.

Im Sonnenlicht ist ein Brennglas die eleganteste Lösung: Es ist wirksam und kostet, einmal gekauft, gar nichts mehr. Mit jedem trockenen Blatt kann man ein Feuer machen, vorausgesetzt, die Sammellinse hat einen Durchmesser von mindestens sechs Zentimetern.

Als Zwölfjähriger fand ich in Passau in einem kleinen Laden eine konvexe Lupe mit einem Durchmesser von acht Zentimetern – Restbestände aus einer industriellen Produktion, für mein Taschengeld erschwinglich. Es war Frühling. Mich begeisterte die Wirkung des konzentrierten Sonnenlichts auf trockene Blätter und Grashalme an einem sonnigen Apriltag derart, dass ich eine Böschung in Brand setzte und größte Mühe hatte, das Feuer wieder auszutreten. Ich sah mich in Handschellen und kämpfte verzweifelt. Eine Lehre fürs Leben.

In den USA gibt es für Pfadfinder und Trapper einen Feuerstarter aus einem Magnesiumblock und einem Feuerstahl, ein vorzügliches Notbesteck, wenn man ein Taschenmesser mitgenommen hat, mit dessen Hilfe man feine Magnesiumspäne abschabt, die sich leicht entzünden, sobald ein Funke auf sie fällt. Bei Expeditionsausrüstern kann man Spezialstreichhölzer kaufen, die sogar unter Wasser Feuer fangen.

Eine hohe Zeit der Benzinfeuerzeuge sind immer die Kriege. Im Vietnamkrieg erlebte das Zippo-Feuerzeug seine Renaissance; um viel Geld werden in asiatischen Basaren die gravierten Exemplare verkauft, mit deren Herstellung sich gelangweilte GIs die Zeit vertrieben. In den Weltkriegen wurden aus Patronenhülsen, Aluminiumrohren und aus allen möglichen Rohlingen und Halbfertigteilen Benzinfeuerzeuge gemacht. Benzin gab es überall, Watte auch; das Röhrchen für den Feuerstein und das scharfkantige Rad, um Funken zu erzeugen, ließen sich leicht in ein Gehäuse einbauen.

Viele dieser Feuerzeuge, die man heute auf Flohmärkten findet, sind so groß dimensioniert, dass man sie auch als Benzinlampe benutzen konnte: Sie fassten ein Volumen von einem achtel Liter Benzin; die Flamme rußte, aber in einem finsteren Unterstand ist man um jedes Licht dankbar, zumal sich diese Lampe auch mit einem Daumenstreich anzünden lässt.

Technisch verfeinert sind Schnappfeuerzeuge, mit denen man sich nicht mehr die Haut an den scharfen Kanten des Reibrades aufreißen kann, wenn der Feuerstein hakt. Sie sagen genau dasselbe über Funken, Docht und Brennmaterial wie ihre primitiveren Ahnen, vermitteln aber auch Botschaften über Sperrklinken und Hebelwirkungen.

Streichhölzer waren ursprünglich ein Teil des komplizierten »Feuerzeuges« mit Stein, Stahl, Zunder und Schwefelholz (spunk), trockenen Spänen, die in flüssigen Schwefel getaucht worden waren. Mit Feuerstein (Flint) und Stahl wurden Funken erzeugt. Glühende Partikel fielen in der Zunderschachtel auf angekohlte Fragmente von Baumwolle und Leinen. Diese begannen zu glimmen; wenn man in sie blies, reichte ihre Hitze aus, das Schwefelholz zu entzünden.

1833 ist in Wien eine Streichholzfabrik dokumentiert, die diesen Umweg ersparte. Fast zeitgleich wurden Streichhölzer mit Köpfen aus Phosphor auch an anderen europäischen Orten verkauft. Phosphorhölzer enthalten ein tödliches Gift. Streichholzköpfe wurden ein Thema früher Kriminalromane. Selbstmörder verwendeten sie und Arbeiter in den Fabriken litten unter Vergiftungen.

Seit der Jahrhundertwende wurden die giftigen Phosphorhölzer zunehmend verboten; die Produzenten ersetzten den weißen Phosphor durch das unschädliche Phosphorsulfid (für die in Spanien und Italien noch üblichen Streichhölzer, die sich an jeder rauen Oberfläche anreißen lassen).

In Deutschland setzten sich Sicherheitsstreichhölzer durch, die völlig ohne Phosphor auskommen: Die Köpfe werden mit einer Mischung aus Natriumchlorat, Bleiverbindungen und Antimonsulfid versehen; die Streichfläche enthält amorphen Phosphor und Antimonsulfid. Träger sind meist Späne aus Pappelholz, aber auch Wachspapier bei den italienischen *Cerini*, die in England *Vestas* hießen; dort gab es lange Zeit auch die sogenannten *Vesuvians*, die große ovale Köpfe an runden Hölzern trugen und angestrichen nicht entflammt wurden, sondern nur glühten.

Wer ein Feuer macht und bemerkt, dass ihm der Übergang von der kleinen, schnell erlöschenden Flamme seines Streichholzes oder Feuerzeugs zur großen, wärmenden, dauerhaften Flamme nicht gelingt, kann den dummen oder den klugen Weg einschlagen. Er kauft den Feuerstarter, legt ihn zwischen das grobe Holz oder die Kohlen – ERFOLG!

Die intelligenten Lösungen sind vielfältig und üben viele Fertigkeiten: mit einem guten Messer Späne machen, Feuernester bauen, die einen Übergang vom leicht entflammten Material zum nachhaltig brennenden schaffen, vorausschauend Nuss- oder Orangenschalen trocknen, die natürliche Feuerstarter sind, harzreiche Pflanzenteile wie Kiefernzapfen sammeln.

Geländewagen

Wenn du auf einem der bequemen Radwege durch den Park ein Surren hinter dir hörst, ist es ein Mountainbiker mit kräftigen Waden, der mit fliegenden Knien die Stollenreifen seines Fahrzeugs über den Asphalt treibt. Unangenehmer ist das auf Sand-wegen: Ehe das Mountainbike modern wurde und normale Tourenräder hier entlangfuhren, wirbelte niemand soviel Staub auf, wie es heute in der Zeit der aggressiven Profile selbstverständlich ist. Obwohl ich zögere, die Geländereifen des Fahrrads ein dummes Ding zu nennen, sind sie jedenfalls dort, wo ich ihnen täglich begegne, fehl am Platz und schaden mehr als sie nützen.

Sie wirbeln Staub auf, kosten Kraft, wecken den Drang, etwas über die Safari zu schreiben, die man täglich in der Großstadt beobachten kann: Da parken Fahrzeuge, die dafür ausgerüstet sind, Saharapisten zu durchwühlen, am Gehsteig, im Dschungel Schwabings nur dazu nütze, mehr Benzin zu saufen als andere Fahrzeuge, mehr Platz wegzunehmen und mit harten Federn Gullideckel abzuwehren, als lauere ein Sumpfloch.

Wenn ich mich in Savanne und Urwald wünsche, wenn ich lieber raue Alpenpfade durchradeln würde als den asphaltierten Radweg, dann halte ich meine Sehnsucht nach Freiheit dadurch am Leben, dass ich mit den richtigen Dingen gegen die falsche Realität kämpfe. Der Jeep hat in zwei Jahren nur einmal eine unbefestigte Straße unter den Rädern gehabt.

Aus Tierversuchen ist das Prinzip der intermittierenden Verstärkung bekannt. Wenn ich will, dass ein Hund besonders hartnäckig am Tisch bettelt, dann muss ich ihm die Belohnung meistens verweigern und in großen Abständen (eben »intermittierend«) etwas fallen lassen. Das so erworbene Verhalten haftet fester im Gedächtnis als das immer belohnte.

Warum ist Fußball soviel aufregender und beliebter als Hand- oder Basketball? Weil die Tore so selten sind! So lässt sich auch die Stadtsafari verstehen: Weil der Allradantrieb und der Geländereifen so selten gebraucht werden, sind sie besonders attraktiv.

Geschirrspüler

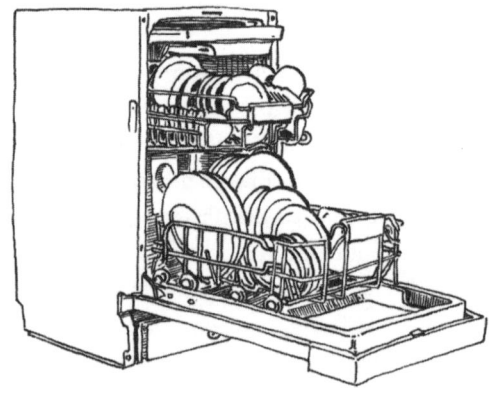

Maschinen, welche die Arbeit im Haushalt »erleichtern«, stellen sich nicht selten intelligenteren Lösungen in den Weg. Sie versprechen, Zeit und Mühe zu ersparen, leugnen und verbergen aber, was sie wirklich kosten. Vor allem machen sie Rechnungen ohne Blick auf die menschliche Verführbarkeit. Waschmaschine und Geschirrspüler, elektrisches Licht und fließendes Wasser sind Symbole der Zivilisation und Quellen gravierender Gefahren, weil sie alle den Nutzer verführen, für ein winziges Mehr oder auch nur die Fiktion eines Gewinns an Zeit und Bequemlichkeit mehr zu verbrauchen als nötig, den Grenznutzen total zu vernachlässigen und in Verschwendung hinein geradezu zu explodieren.

Geschirr einfach mal nur sauber zu wischen, Tassen und Becher mehrmals zu gebrauchen verliert als hygienische Strategie jede Aufmerksamkeit, wenn wir doch sowieso eine Geschirrspülmaschine haben. Wäsche nicht öfter zu waschen als hygienisch sinnvoll (also nicht täglich alles zu wechseln, egal ob schmutzig oder nicht) wird zur sinnlosen Frage, wenn der Waschvollautomat bereitsteht.

In dem Haushalt meiner bäuerlichen Großmutter war die Aktion des Geschirrspülens von beispielhafter Ökonomie. Erst einmal hatte jeder seine spezielle Tasse mit einer besonderen Blume, aus der er den Frühstückskaffee ebenso trank wie den Nachmittagstee und am Abend die Milch. Zweitens stand auf dem großen Küchenherd die Spülschüssel, voll heißem Wasser. Darin wurde jedes gebrauchte Geschirr sofort gespült und weggestellt – ohne Seife, denn Seife hätte den Schweinen nicht geschmeckt, denen aus diesem Spülwasser und anderen Abfällen ihre Abendmahlzeit zubereitet wurde.

Wenn sich jedes Familienmitglied daran gewöhnt, gebrauchtes Geschirr sofort zu säubern und aufzuräumen, ist der Platz für den Geschirrspüler frei und der Aufwand für Spülmittel minimal. Sofort ausgeführt, lassen sich auch nach einer fetten Mahlzeit die letzten Spuren bequem mit klarem Wasser und kräftigem Schwammeinsatz tilgen. Die Maschine verführt dazu, schmutziges Geschirr achtlos stehen zu lassen oder einzuräumen und zu warten, bis die Spülmaschine voll ist. Dann haben die Krusten und Fettränder Zeit anzutrocknen, hoher Aufwand an Energie, Wasser und Chemie werden nötig. Die Elektrokonzerne behaupten, »bewiesen« zu haben, dass ein Geschirrspüler »die Umwelt schont«, weil durch Handspülen mehr Wasser und Spülmittel verbraucht würden. Das ist kompletter Unsinn. Sobald ohne fließendes Wasser von Hand gespült wird (wie bei meiner Großmutter in der Schüssel auf dem Herd), ist der Geschirrspüler auch im Wasserverbrauch viel aufwendiger. Irgendwann geht er kaputt, bleibt hängen, ruiniert kostbares Geschirr und Naturholzgriffe an Messern. Pfannen und Töpfe passen sowieso nicht hinein, weil die Maschine mit kleinerem Geschirr permanent gefüllt ist.

Ich sehe keine ökologische, nur eine soziale Indikation für Geschirrspülmaschinen: Wenn sich in einer Familie das Prinzip *litter in, litter out*[14] nicht durchsetzen lässt und niemand zu der meditativen Qualität des Abspülens von Hand für die ganze Gruppe findet, kann die Geschirrspülmaschine einen schief hängenden Haussegen wieder gerade rücken. Und da wir hier nicht Prinzipien reiten, sondern Spaß am Sparen haben wollen – wenn es eurem Seelenfrieden dient, kauft euch die Maschine …

---

[14] Müll rein, Müll raus – Plakat in amerikanischen Naturschutzgebieten, in denen jeder Wanderer seine Abfälle selbst entsorgen muss, indem er sie in seinen Rucksack packt.

Gewehr

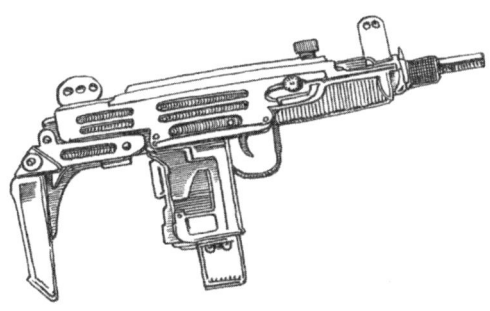

Die Waffe ist für die Dingpsychologie das vielleicht wichtigste Gerät. Seit Menschengedenken spendet sie Macht, Rang, Wesen. Wenn es tröstlich ist, dass die älteste Waffenbeschreibung in der Literatur des Abendlandes, der Schild des Achill, eine Defensivwaffe betraf, so hat sich das geändert, seit die Verfügungsgewalt über Explosionen Kindersoldaten in Street Gangs und Bürgerkriegsarmeen eine Macht in die Hände gibt, die im Denken der Antike dem blitzeschleudernden Zeus vorbehalten war.

Das Wort Gewehr kommt von dem althochdeutschen *weri* – alles, was sich wehrt, zum Beispiel auch eine Befestigung, ein Erdwall, eine Palisade, ein (Stau-)Damm, bis heute das Mühlenwehr an einem Bach oder auch die Feuerwehr. In der Plural-Form *giweri* bezeichnete das Gewehr in der Militärsprache jede tragbare Waffe. Man unterschied das Obergewehr, wie Lanze und Pike (Hellebarde) vom Untergewehr, den Blankwaffen wie Degen, Säbel und Dolch. Während heute das Gewehr immer eine Feuerwaffe ist, hat sich das Untergewehr als »Seitengewehr« für das Bajonett oder den nur noch dekorativen Dolch der Offiziere erhalten.

Seit es (Fern-)Waffen gibt, kann der Bewaffnete im Vertrauen auf seine technische Übermacht den Waffenlosen tyrannisieren. Umgekehrt hat aber der Schwächere endlich eine Chance, seinen Nachteil auszugleichen und durch Anstrengung, Fleiß, Aufmerksamkeit, Sorgfalt einen Mangel an brutaler Kraft oder zahlenmäßiger Überlegenheit wettzumachen. Diese Dramaturgie bestimmt von Homers Odyssee bis zu Wilhelm Tell und Buffalo Bill die Erzählungen über Waffen.

In den amerikanischen Western-Filmen der klassischen Ära sind die Indianer in der Übermacht und den Weißen an brutaler Grausamkeit überlegen. Das macht den Gebrauch von Repetiergewehren zur tugendhaften Notwendigkeit. Erst später und vom Publikum weniger geliebt wurden realistischere Szenen von Hollywood aufgegriffen: Die überlegene Waffentechnik der amerikanischen Kavallerie dient in diesen gerechteren Darstellungen der Indianerkriege dazu, aus sicherer Distanz Wehrlose zu töten.

Pfeil und Bogen

Der Bogen ist wohl die älteste Fernwaffe, welche Fremdenergie – die Schnellkraft einer Feder, zuerst Holz, dann Horn und Stahl – benützt. Seine historischen Vettern, die Speer- und Steinschleudern, verwenden Hebel oder Schwung, um die Kraft der menschlichen Armmuskeln zu steigern. Seit der Altsteinzeit haben Menschen auf diese Weise gejagt.

Wenn der Urmensch mit Stein und Knüppel gegen ihn anstürmt, hat der Bogenschütze in freiem Gelände schon einen Vorteil von vielleicht fünf zu eins. Odysseus, der die Waffen seiner Rivalen fortschaffen ließ, soll mit zwei Helfern und seinem Bogen fast ein volles Hundert der Freier Penelopes getötet haben. In solchen Überlegenheiten verbergen sich aber auch Verluste an Selbstdisziplin und Mut, regressive Versuchungen. Diese Qualität ist den früheren Kulturen viel bewusster gewesen als in der Gegenwart.

Die englischen Bogner des Mittelalters schossen mit ihren fast zwei Meter langen Eibenbögen in einer Minute zehn Pfeile ab, die noch einen zweihundert Schritt entfernten Mann töten konnten. Nicht höhere Treffsicherheit und schon gar nicht gesteigerte Schussgeschwindigkeit führten dazu, dass der Bogen durch die Armbrust und später durch die Arkebuse ersetzt wurde. Eine dem geschickt geführten Langbogen überlegene Fernwaffe waren erst die Repetiergewehre des ausgehenden 19. Jahrhunderts.

Die Feuerwaffe setzte sich vor allem deshalb durch, weil die Munition erheblich billiger war und jeder Rekrut in kurzer Zeit einigermaßen treffen konnte, während das genaue Bogenschießen sehr viel Übung erforderte. Ein Bogenschütze muss in ganz anderer Weise mit der Schwerkraft und dem Einfluss von Luftströmungen rechnen als der Soldat mit einer Feuerwaffe. Zudem brauchte der Bogner für präzise Schüsse sorgfältig in Handarbeit gefertigte, gefiederte Pfeile mit einer geschmiedeten, geschliffenen, oft auch in Europa vergifteten Spitze.

Solche Pfeile kosteten erheblich mehr als Pulver und Blei. Ein normaler Köcher fasste nur zehn davon. Deshalb war ein Bogenschütze schneller wehrlos als ein Arkebusenträger, der zwar bei Windstille kaum genauer traf und längst nicht so rasch hintereinander schießen konnte, aber mehr Munition bei sich trug. In der Jagd blieb der Bogen viel länger erhalten als im Krieg;

dort war es auch möglich, verschossene Pfeile wieder aufzusammeln, die im Krieg dem Feind zugute kamen. Fortschritte in der Metallurgie hatten im 16. Jahrhundert dazu geführt, dass Blei für ein paar Pfennige zu haben war; Salpeter, Holzkohle und Schwefel, die Grundstoffe des Schwarzpulvers, kosteten ebenfalls nicht viel und waren leicht zu beschaffen.

Die Arkebuse bot einen Vorteil, den bereits die Armbrustschützen schätzten: Wer anlegte, konnte entspannt zielen, was beim Bogenschießen nicht möglich ist. Daher sind Armbrust und Gewehr ideale Waffen, um einem beweglichen Ziel aufzulauern. Wird das flüchtige Ziel in dem Augenblick sichtbar, in dem sein Bogen noch nicht gespannt ist, kann es während des komplizierten Ablaufs von Bogenspannen, Zielfassen und Loslassen wieder verschwinden. Bei Armbrust und Muskete gibt die Weiterentwicklung der Waffe dem Schützen die Möglichkeit, zwischen der Vorbereitung des Schusses und seiner Auslösung beliebig lange zu warten. Die Waffen speichern die benötigte Energie und entladen sie erst in dem Augenblick, in dem der Schütze das will. So wird eine progressive Qualität an das Werkzeug delegiert. Damit verliert auch der Schütze die selbstverständliche, ihm vom Gerät aufgezwungene Übung seiner Fähigkeit, Spannungen auszuhalten und sich dessen bewusst zu bleiben, dass er dafür Kraft benötigt.

Der Bogen ist ein »klügeres« Werkzeug als die Armbrust oder die Feuerwaffe, weil er die seelische Auseinandersetzung des Schützen mit Spannung, Entspannung und Schnellkraft fördert, die bei der Armbrust nur noch zeitversetzt und bei der Flinte überhaupt nicht mehr stattfindet. Es ist kein Zufall, dass der Bogen immer wieder als Werkzeug zu religiösen und ethischen Übungen verwendet wurde. In der griechischen Mythologie (Herakles, Odysseus) ist der Bogen ein Zeichen des guten Helden; ebenso in den romantischen Romanen über das Mittelalter, etwa in Walter Scotts Schilderung von Robin Hood.

In japanischen Zen-Klöstern gehört Bogenschießen[15] noch heute zu den meditativen Künsten. Auch Mohammed erwähnt den Gebrauch des Bogens als gottgefälliges Werk, ein Gedanke, der den Islamismus nicht beeindruckt hat. Seine Kämpfer bevorzugen Maschinenwaffen und Dynamit, typische Mordwerkzeuge der Konsumgesellschaft.

Heimtückische Waffen

Bei der Armbrust wird das Hebelgesetz nicht nur für die Bewegung des Pfeils, sondern auch beim Spannen der Waffe eingesetzt. Ein Bogen aus Stahl oder Fischbein wird quer auf einen hölzernen Schaft montiert, auf dem das Geschoß – Pfeil, Bolzen, Kugel – in einer Rinne liegt. Die Sehne zieht ein Spanner zurück; sie wird durch eine Nuss arretiert. Bei Reitern war der Spanner vorzugsweise ein einfacher Hebel, der Geißfuß; bei Festungssoldaten mit stärkeren Bögen wurden Winden mit Zahnrädern verwendet. Wenn die Nuss durch den Abzug gesenkt wird, schnellt die Sehne nach vorne und treibt das Geschoß mit großer Wucht die Rinne entlang ins Ziel.

Die Armbrust wurde im frühen Mittelalter entwickelt, war aber vielleicht schon in griechischer Antike bekannt *(Gasta-*

---

[15] In Deutschland pflegt der Deutsche Feldbogen-Verband diese traditionelle Form des Bogenschießens, in der Visiere, Stabilisatoren und Flaschenzugsysteme abgelehnt werden, mit deren Hilfe manche Bogenschützen aus ihrem Gerät ein technisches System machen, das dem Bogenschießen seine intuitiven Qualitäten nimmt und den Schützen der Technik unterwirft.

phrete); die Belagerungsgeschütze vor der Erfindung des Schieß-pulvers beruhten auf demselben technischen Prinzip. Während beim Bogen die schnell erlahmende Muskelkraft den Schützen dazu zwingt, nur Sekunden zwischen Spannung und Abschuss verstreichen zu lassen, kann der Armbrustschütze sich mit ge-spannter Waffe auf die Lauer legen. Er blickt über eine Visier-einrichtung und trifft ohne die jahrelange Übung, welche der Bogenschütze für seine intuitive Kunst benötigt.

Im Mittelalter galt die Armbrust als »heimtückisch« und eines Ritters nicht würdig. Ihre Verwendung wurde von der Kirche ver-boten; die Kämpfer werden sich so daran gehalten haben, wie die Söldner der Gegenwart an die Genfer Konvention. Bezeichnend ist auch das Schlupfloch, welches der heilige Vater den Arm-brustern ließ: Gegen Heiden gerichtet blieb ihr Mordwerkzeug gottgefällig, nur christliche Ritter sollten einander nur mit den ritterlichen Waffen bekämpfen.

Wegen des hohen technischen Aufwands bei der Produk-tion war die Armbrust eine typische Waffe städtischer Bürger. Sie nahm zahlreiche Entwicklungen der späteren Gewehre vorweg; es gab Armbrüste mit Stecher (einem Feinabzug, der nach Auslö-sung des Grobabzugs bei der leisesten Berührung den Schuss frei-gab und so das Verreißen beim Abdrücken verminderte), Kimme und Korn, bedeckte Rohre, durch die Kugeln aus Marmor, Ton oder Blei mit solcher Wucht geschossen wurden, dass sie noch auf 250 Schritt einen Panzer durchschlugen.

Bei der Armbrust kann die Kraft für den Schuss zwar gespei-chert werden, wird aber durch die Muskelkraft des Schützen oder eines Gehilfen erzeugt. Die kollektive Vormacht regressionsför-dernder Techniken geht durch die Entdeckung der Feuerwaffen einen großen Schritt weiter. Sie sind die ersten Werkzeuge, durch die Explosionen in den Dienst der menschlichen Machtsteigerung und Bequemlichkeit gestellt werden.

Müheloses Morden

Während der Bogen Qualitäten des Ertragens von Spannung und des Loslassens im richtigen Augenblick fördert, ist die Feuerwaffe ein Werkzeug der Regression in die Analität. Sie kracht, stinkt, verschafft Gefühle der Überlegenheit, der Kontrolle über die Umwelt. Es ist nicht mehr die eigene Kraft, die riskiert werden muss, um zu verletzen und zu töten, sondern die entfesselte Energie von Holzkohle, Schwefel und Salpeter.[16]

Die Evolution der Handfeuerwaffen bietet viele Beispiele, wie unmerklich sich die Verluste an progressiven Qualitäten vollziehen. Verglichen mit der automatischen Pistole, ohne die sich ein sechzehnjähriger Drogendealer in Los Angeles nackt fühlt, ist die Arkebuse eine Waffe, deren richtige Bedienung viel Aufmerksamkeit und Disziplin verlangt. Es gibt keine mühelose Verfügung über perfekt verpackte Explosionen, die mit großer Sicherheit nur in eine gewünschte Richtung wirken.

Der Vorderlader hält den Schützen auf einem geistigen Niveau, das mit dem Hinterlader und der genormten Patrone verloren geht. Spielten beim Übergang vom Bogen zur Armbrust und Arkebuse noch ökonomische Gründe der ersten Ordnung (Prinzip Sparsamkeit) eine Rolle, so herrschen bei der Entwicklung des Hinterladers bereits ökonomische Gründe der zweiten Ordnung vor: Wettbewerbsvorteile um jeden und Bequemlichkeit auch zu höherem Preis.

---

[16] Die Stoffe, aus denen das Schwarzpulver hergestellt wurde.

Die spirituelle Qualität eines Gerätes liegt darin, wie weit es jeden, der es benutzt, dazu bringen kann, sich über die Grundprinzipien seiner Funktion klar zu bleiben und seinen Geist zu üben. Diese Situation ist bei allen paläolithischen Waffen gegeben. Begonnen mit der Suche nach Feuerstein, Holz und Darmsaite müssen sie vom Schützen selbst produziert werden. Die Autonomie eines Nutzers, der Gewinn und Verlust realistisch einschätzen kann, bleibt gewahrt.

In der Tat ist der Pygmäe mit zerbrochenem Bogen im Dschungel längst nicht so hilflos wie der Weiße mit zerbrochenem Gewehr. Er kann sich aus dem Material, das ihn umgibt, einen neuen Bogen machen. Da der Europäer um das Risiko seiner Technologie weiß, wird er Sorge tragen, den Gefahren ihres Versagens vorzubeugen. Dadurch wird er wirtschaftlich abhängiger von einer Gesellschaft, die ihn mit Ersatzteilen und Munition versorgt, behält aber seine gewalttätige Überlegenheit über den Jäger, der sich im Urwald zu Hause fühlt. Dieser wird nie in der Lage sein, zehn Elefanten aus sicherer Entfernung abzuschießen. Der weiße Jäger jedoch muss das nicht nur können, er muss es vielfach auch tun, um mit dem Erlös für das Elfenbein seine Ausrüstung zu bezahlen.

Durch die Möglichkeit des am Raubbau orientierten Jägers, maschinenmäßig zu töten, verliert der seiner Umwelt angepasste, sie stabilisierende Jäger seine Existenzgrundlage. Die Ungleichgewichtstechnik der Weißen ist seiner Gleichgewichtstechnik kurzfristig überlegen; da es in dieser Konkurrenz keine Regeln und Schiedsrichter gibt, nützt der Gleichgewichtstechnik ihre weitfristige Überlegenheit nicht viel. Sie verschwand mit dem Gleichgewicht zwischen Jäger und Großwild. Die Menschen, die sie leben konnten, gibt es nicht länger. Nur große

Verzichtleistungen könnten den einst so selbstverständlichen Zustand zurückgewinnen.

Gemessen am Bogen bedeutet die Flinte einen Verlust an geistiger Übung. Verglichen mit dem Repetiergewehr und der automatischen Waffe ist sie noch weit mehr von geistigen Qualitäten bestimmt. Der Vorderlader war ursprünglich ein Handrohr, aus Eisen geschmiedet oder gegossen und gebohrt, in Holz geschäftet, manchmal mit anderen Waffen verbunden (in einem der ältesten Modelle bildet das Schießrohr den Griff einer Streitaxt). Pulver und Blei wurden mithilfe eines Ladestocks eingepresst; das Pulver dann durch ein Zündloch mit einer glühenden Kohle oder Lunte abgebrannt. Die Handböller der bayerischen Schützen entsprechen noch diesem urtümlichen Modell.

Man vermutet heute, dass die Kanone erfunden wurde, als die Belagerungsmaschinen des Mittelalters das seit 600 nach Christus in Konstantinopel bekannte *griechische Feuer*, eine frühe Form des Schwarzpulvers, in kugelförmigen Brandgeschossen über den feindlichen Mauerring schossen. Die Entwicklung der Armbrust mit Schießrohr (des Kugelschneppers) und dieser Pulverkugeln führten gemeinsam dazu, dass irgendwann solche Kugeln in einem geschlossenen Rohr abgeschossen wurden und – vielleicht durch ein plötzlich in seiner möglichen Bedeutung erkanntes Versehen – entdeckt wurde, dass die Pulverexplosion ein solches Geschoss weiter treiben kann als die Schnellkraft des Bogens. 1313 soll der Mönch Berthold Schwarz die erste Kanone abgefeuert haben. 1340 sind in Augsburg bereits Pulvermühlen dokumentiert, ein Zeichen, wie rasch sich diese Technik durchsetzte.

Amok

Ein Polizist in den USA zieht während seiner ganzen beruflichen Laufbahn durchschnittlich dreimal in einer Ernstsituation seine Schusswaffe. In jedem Vorabendkrimi wird dieses Kontingent gleich mehrmals ausgeschöpft. Die Mediengewalt übertreibt nicht nur, sie konzentriert sich auf die schnelle Tat und ignoriert das Opfer, dessen Genesung peinigend lange dauert.

Es liegt eine tragische Logik darin, dass in den Schul-Amok-läufen, die ein Teil der Konsumgesellschaft geworden sind, die fertige Patrone in der automatischen Waffe zum Komplizen der Unfähigkeit wird, die Kleinarbeit der Kränkungsverarbeitung zu leisten, welche Freundschaft und Liebe den Weg von der Illusion müheloser Nähe zur Realität des liebevollen Austauschs ebnet.

Die Waffe ist heute nur noch ganz ausnahmsweise, in einem vom staatlichen Gewaltmonopol geregelten Rahmen, was sie über Jahrtausende war: Ein Werkzeug des Alltags. Für Jäger, Polizisten und Soldaten haben Waffen bis heute diese Werkzeugfunktion, die in diesen Berufen mehr oder weniger verantwortungsbewusst wahrgenommen oder aber auch narzisstisch überhöht wird. Für alle anderen wird die Waffe eine Stütze für das Selbstgefühl, ein phallischer Zauber, der vor Kastrationsängsten schützt. In dieser Funktion macht sie den Nutzer abhängig und verstrickt ihn immer tiefer in Phantasien, in denen er sich gerade deshalb bedroht fühlt, weil er bedrohliche Geräte zu seinem Fetisch macht und sich mit ihnen umgibt.

Handy

Elektronische Nabelschnüre führen dazu, dass sich Abhängige überhaupt nicht mehr loslösen müssen. »Wo bist du?« ist zur charakteristischen Frage geworden, wenn jemand anruft. Manchmal geraten Szenen ins Absurde, weil die neue Technik alten Moralvorstellungen dient, wenn beispielsweise der türkische Vater seiner Tochter, der Angestellten in einem deutschen Reisebüro, ein Handy schenkt und ihr verbietet, es jemals auszuschalten, weil er nur so über ihre Unschuld wachen kann. Ihr deutscher Liebhaber erträgt die jetzt unvermeidlichen Unterbrechungen des Sexuallebens ihr zuliebe mit Humor.

Ein Architekt, der eben Großvater geworden ist, fühlt sich in das Leben seiner Tochter verstrickt. Sie ist 28 Jahre alt und lebt in einer Eigentumswohnung, die er ihr geschenkt hat. Immer wieder ist sie am Handy – Papa, das Auto ist kaputt, Papa, der Automat gibt mir kein Geld. »Hast du nachgesehen, ob noch genug Benzin im Tank ist?«

»Es scheint kein Mittel zu geben«, sagt der 60-Jährige einmal, »wie sich Menschen heute so schnell und billig beleidigen können wie per SMS. Kostet ein paar Cent und geht blitzschnell. Die beiden trennen und versöhnen sich manchmal zweimal am Tag. Er zieht aus und er zieht wieder ein, sie hat ständig das Handy am Ohr. Ich wusste ja nicht, was mit dem Auto ist, also hab ich ihr vorgeschlagen, sie soll mitkommen, es dauert vielleicht eine Viertelstunde, da wird der Kleine doch nicht aufwachen. Sie wollte ihn nicht allein lassen, hat das Telefon abgehoben, mit dem Handy die Nummer gewählt, und ist so mit mir losgefahren, immer das Ding am Ohr.«

Trennungen ertragen

Das kleine Kind schreit nach der Mama, wenn es nicht mehr weiter weiß. Daher achtet es auch darauf, sich nicht aus der Hörweite der Mama zu entfernen, und protestiert, wenn diese es verlassen will. Später wird das Kind lernen, gegen diese Tendenz zur Regression anzukämpfen.

Mobiltelefone spenden ihren Nutzern die Illusion, sie könnten selbstständig sein und gleichzeitig den Komfort der Abhängigkeit pflegen. Man trennt sich nicht mehr von den Eltern, man zappt sie weg und zappt sie wieder her, wenn Not am Kinde ist. Wer vor zwanzig Jahren aufwuchs, hatte in der Regel keine Wahl. Wenn er sich von zu Hause entfernt hatte, weil es ihm dort zu eng und zu langweilig war, musste er mit seinen Problemen alleine fertig werden.

Als der Autor 1957 mit seinem Bruder zu einer Mopedtour nach Italien aufbrach, war er 16 Jahre alt, der Bruder 18. Ausgerüstet mit Schlafsack, Zelt und Kochgeschirr, verschwanden wir drei Wochen von der Bildfläche und schrieben aus Ravenna eine

Ansichtskarte. Unsere Mutter hatte kein Telefon zuhause, sie ging für Anrufe zu ihrer Freundin. Die Beteiligten beschieden sich mit der Einsicht, dass unerfreuliche Nachrichten immer schnell genug ankommen und erfreuliche warten können.

Als die jüngste Tochter nach Italien aufbrach, meldete sie sich jeden Abend via Handy; alles andere wäre seelische Grausamkeit gewesen. Einmal telefonierten wir zusätzlich: Da hatte ich einen Italiener an ihrem Handy, mit dem ich Maßnahmen angesichts einer Autopanne besprechen sollte.

Trennungsängste gehören zum Menschsein. Jeder von uns sollte lernen, mit ihnen zu leben. Durch die ständige Erreichbarkeit werden Phantasien unterstützt, es sei möglich, den Widerspruch zwischen symbiotischer Nähe und distanzierter Autonomie völlig aufzulösen. Ich kann überall sein und mich überall verwirklichen, ohne auch nur einen Moment darauf verzichten zu müssen, jederzeit wieder in die schützende Sphäre der Symbiose einzutauchen.

Durch die große Handy-Verwöhnung schwinden die Anreize, sich im Ertragen von Ängsten zu üben. Kinder, Jugendliche und Erwachsene verlieren die Fähigkeit, sich selbst zu beruhigen. Die »Lösung« der Konsumgesellschaft entfernt uns von der Einsicht, wie wichtig es ist, solche Fähigkeiten *zu üben*. Das Defizit wird zur Krankheit erklärt: Angststörung, Aufmerksamkeitsmangelsyndrom – und schon gibt es medikamentöse Angebote, den Mangel zu beheben.

Der Mangel an festen Bindungen und an einer befriedigenden Erotik kann heute in einer Weise abgewehrt werden, die vor den Kommunikationsmöglichkeiten durch mobile Computer undenkbar war. Es gibt verschiedene Programme, welche jedem Nutzer vermitteln, die Welt sei angefüllt mit Menschen, die an nichts anderes denken als daran, sich in ihn zu verlieben: *Okcu-pid, Lovoo* und vor allem *Tinder*. *Tinder* (Zündholz, Zunder) ist 2015 die bekannteste Dating-App der Welt, in Deutschland nutzen sie gegenwärtig zwei Millionen Menschen, Tendenz steigend.

Tinder kann kostenlos geladen werden, man braucht aber ein Facebook-Profil. Aus diesem holt *Tinder* Bilder, die Freundesliste, Alter und Geschlecht, vielleicht auch noch »gefällt mir«-Angaben. Durch die Satellitennavigation sorgt *Tinder* dafür, dass in einem wählbaren Radius (zwischen zwei und über 100 Kilometern) Flirtinteressierte auftauchen und in einem simplen System auch wieder verschwinden: Nach links wischen heißt nein, danke, nach rechts, ja, bitte. Was hier zählt, sind nicht die Ergebnisse eines Fragebogens, wie in anderen Formen der Partnersuche im Internet. Was zählt, ist die Liebe oder Nichtliebe auf den ersten Blick.

Ist sie nicht da, gibt es keine Kränkung, das Programm meldet nichts. Wenn sich zwei nach rechts wischen, kann ein Dialog beginnen. »Wir haben die Angst vor Zurückweisung abgeschafft«, behauptet der *Tinder*-Gründer Sean Rad. Man ist versucht, ihn größenwahnsinnig zu nennen. In Wahrheit lässt sich die Angst vor Zurückweisung nicht abschaffen, sie lässt sich nur aufschieben und noch einmal aufschieben, bis das Leben selbst unter Hoffnungen auf Optimierung und Vermeidung aufgeschoben worden ist.

Was eher abgeschafft oder zumindest beschädigt wird, ist die Empathie. Wer unter vielen Liebesangeboten wählen kann, muss sich nicht mehr fragen, woran es liegt oder lag, wenn eine anfangs interessante Beziehung (ein »Match« in der Sprache von *Tinder*) nicht mehr weiter geht. Solange der Nachschub nicht erschöpft ist, können Grenzen der eigenen Fähigkeit verleugnet werden, einen Kontakt zu festigen und weiterzuentwickeln.

Warten können

Wenn der soziale Druck schwindet, spätestens mit 25 Jahren verheiratet zu sein, und Eltern nicht mehr die Ehen ihrer Kinder bewachen und arrangieren, wird sich zwangsläufig die Zahl der Menschen vermehren, die noch mit 45 nach einer besseren Partie Ausschau halten. Je mehr Wahlmöglichkeiten, desto höher die Ansprüche, desto schwieriger die Entscheidung. Wer einige attraktive Angebote ausgeschlagen hat, wird sich sehr schwer tun, unter diesem nun geweckten Anspruch zu bleiben, auch wenn alle künftigen Angebote schlechter sind als die ersten.

Der einsame Segler findet eine Insel. Sie ist schön, aber nicht schön genug. Er segelt weiter. Die nächste Insel ist längst nicht so schön wie die erste – er ankert nicht, das wäre ja ein Rückschritt. Die dritte Insel in Sicht ist noch schlechter, aber allmählich werden seine Vorräte knapp …

Abwarten ist ein so wichtiges Heilmittel, dass die meisten Ärzte irgendwann den Spruch hören: »Medizin ist das System von Ablenkungen, mit dem wir unsere Patienten versorgen, bis sie von selbst gesund werden.« Wie viel Wahres an dieser Aussage ist, zeigt der sogenannte Marshmallow-Test, dessen Nuancen der 1930 in Wien geborene, wegen des Hitler-Einmarsches 1938 in die USA emigrierte Walter Mischel seit den 1960er-Jahren erforscht hat. Untersucht wurden Vierjährige. Der Versuchsleiter fragte sie, ob sie *einen* Leckerbissen (eben den Marshmallow) haben wollten oder *zwei* davon. Natürlich wollten alle zwei. Diese waren an eine Bedingung geknüpft: Nur wer *wartete*, bekam die doppelte Belohnung.

Ungefähr ein Drittel der Vierjährigen *wollte* nicht warten. Sie aßen den ersten Marshmallow und verzichteten auf den zweiten. Ein weiteres Drittel *versuchte* zu warten, hielt es aber nicht aus und verspeiste den einen Bissen nach einer Pause. Ein Drittel ertrug die Wartezeit und kassierte die Belohnung.

Vierzehn Jahre später ließ sich eine eindrucksvolle soziale Überlegenheit der Kinder nachweisen, welche den Impuls beherrschen konnten, den Marshmallow sofort zu essen. Sie waren sozial kompetenter, beliebter, selbstbewusster und erheblich besser in ihren Schulleistungen. Die Sofortesser konnten sich schlechter konzentrieren, reagierten auf Frustrationen mit Wut, waren eifersüchtiger und längst nicht so erfolgreich in der Schule.

Warum können manche Kinder besser warten als andere? Die Beobachtungen ergaben, dass sie sich besser mit sich selbst beschäftigen können. Die »erfolgreichen« Kinder machten ein Schläfchen, führten Selbstgespräche, begannen irgendein Spiel.

Wer Menschen anbietet, Handy, Fernseher, Computer per Knopfdruck oder Mausklick zu steuern, erzieht sie zu zwei Dingen: sich selbst als das Zentrum der Welt zu erleben und sich vor allem zu fürchten, was den schnellen Erfolg, die sofortige Aufmerksamkeit versagt. Sicher ist es geistig anregend, ständig ein Lexikon und eine Landkarte in der Tasche zu haben. Man möchte sagen: Für gesunde, in sich gefestigte Erwachsene ist die Konsumgesellschaft eine wunderbare Sache, das Smartphone eines ihrer schönsten Konzentrate. Für alle anderen ist sie ein sehr effektives Reifungshindernis. Und da die Handynutzer immer jünger und die Handys immer mehr und immer geschickter werden, müssen wir das Smartphone entgegen seinem Namen unter die dummen Dinge rechnen.

Hackfleisch

Es mag richtig sein, dass die Jagd unsere Erbanlagen geprägt hat. Dennoch ist der Fleischkonsum auf einem von Übernutzung bedrohten Planeten ein Ärgernis. Wenn wir von Fleischdummheit reden, dann nimmt das Hackfleisch eine mittlere Position ein, etwa in der folgenden Steigerung: Fleisch, Hackfleisch, Pressfleisch, ähnlich wie Fisch, Zuchtfisch, Fischstäbchen.

Das in seiner Herkunft erkennbare Stück eines Mit-Geschöpfs verlangt mehr geistige Auseinandersetzung als die bis zu Unkenntlichkeit zerspanten und oft auch noch gepressten Teile. Unter Panade versteckt, zwischen Brötchenhälften gepackt, stillen sie den Hunger der Konsumenten, wie heilige Hostien, an deren Segen wir ja auch glauben müssen.

Als Kind habe ich meiner Mutter andächtig und angewidert zugesehen, wenn sie eine Maschine mit einem Trichter an den Tisch schraubte. Sie setzte das Innenleben zusammen: eine Kurbel, eine Art Schraube, vorne ein Messer und eine Lochscheibe. Sie drückte oben Fleischstücke hinein. Mein Bruder oder ich durften drehen. Es schmatzte und knackte, dann kam vorne das Hackfleisch heraus, immerhin eine ehrlichere Sache als Packungen mit fertigem Hack aus dem Supermarkt. Hackbraten aß ich sehr gerne; Zunge mochte ich gar nicht, sie erinnerte mich an das lebende Kalb.

Um der Fleischdummheit zu entgehen, werden Umweltbewusste zu Vegetariern. Damit ist schon Einiges erreicht, aber wir müssen einsehen, dass Kühe oder Hühner Milch und Eier auch nicht gerne hergeben, schon gar nicht, wenn sie massenhaft in Ställen gehalten werden. Sollen wir also Veganer werden? Würste, Käse, Milch und Schnitzel aus Pflanzeneiweiß kaufen? Persönlich bin ich Allesesser geblieben, mit einer leichten Abneigung gegen Fleisch und viel Respekt für meine Jüngste, die vegan lebt und viel mehr von Essen versteht als ich.

Das Gegenteil des gedankenlosen Mampfers von Burgern ist vielleicht nicht der Veganer, sondern der Jäger, der nur Fleisch isst, das er selbst erbeutet hat. Ein Angler, der selbst gefangene Fische verzehrt, wäre die beschaulichere Variante. Keine Lösung für alle? Freilich nicht. Aber auf jeden Fall klüger, als Verpacktes in den Einkaufswagen zu legen und es zuhause in die Mikrowelle zu stecken.

Haus

Die meisten Häuser gleichen den durchschnittlichen Autos auch darin, dass sie immer dümmer werden. Ihre Heizanlagen erwecken beim Betreten des Steuerraums den Eindruck, man sei auf die Brücke eines Ozeandampfers geraten. Wenn es hereinregnet, ist der Besitzer machtlos, weil die Dachhaut so kompliziert ist, dass er ihren Aufbau nicht durchschaut; wenn irgendwo Schimmel entsteht, müssen Experten zugezogen werden, um die Ursache zu finden. Dafür ist das Ganze sehr teuer, verspricht sehr viel Perfektion und soll sogar gemütlich sein, wenn im offenen Kamin die Birkenscheite brennen.

Auch die Häuser haben ihren Überwachungsverein: die Baubehörden. Merkwürdig, dass die meisten Menschen Dörfer, Marktplätze, Bauernhäuser im Jemen, in der Toskana oder in Andalusien so viel schöner finden als alles, was unter der Bauaufsicht entstand und entsteht. Diese Behörden sind Kreativitätsblockaden, Durchschnittsgaranten, Monotonisierer. Am einfachsten hat es, wer genauso dumm wie sein Nachbar baut. Wer sich an die Regeln hält, dem wird die Originalität nicht verboten. Aber sie wird auch nicht begrüßt, und das ist schlimm genug. Vor allem wird dem Bastler, der gerne ein Haus nach seinem Geschmack in Handarbeit machen möchte, durch das ganze System seine Arbeit erschwert. Er muss nach den Vorschriften der Behörde viele Formulare ausfüllen und Pläne liefern, die der Bauindustrie mit ihren genormten Materialien zuarbeiten.

So kann das handgemachte Haus in Deutschland nirgends entstehen, das im toleranten Kalifornien aus Abbruchholz, Zedernschindeln, ausgedienten Schaufensterscheiben gezimmert wird. Es gibt nicht die Häuser aus Heuballen, Autoreifen, Autofensterscheiben, altem Blech und Abbruchmaterial, die Samuel Mockbee mit seinen Studenten im bettelarmen Arkansas baute.

In den armen Ländern, die sich solche Behörden nicht leisten können, entsteht eine Bastelkultur des Bauens, die viel Erfindungsreichtum freisetzt. Mockbee war einer der ersten, die diese Kultur nicht von oben herab betrachteten, sondern pädagogisch verwerteten: Seine Studenten bauten sich ihre eigenen Unterkünfte auf dem Campus aus den Balken eingestürzter Holzbrücken, aus laminierter Pappe, altem Blech und ausgedienten Fenstern. Sie schweißten alte Nummernschilder zu ganzen Blechdächern und woben die Lichtfront eines Gemeindezentrums aus siebzig Seitenfenstern eines Ford-Modells, die sie auf Autofriedhöfen einsammelten. Wer mit solchen Projekten sein Diplom in Architektur macht, wird sicher später anders mit Bauaufträgen umgehen als ein Bauingenieur, der zum verlängerten Arm der Zement-, Ziegel- und Isolierstoffindustrie herangebildet wurde.

An der Straße von Sanaa nach Shada im Norden des Jemen fährt der Reisende nicht nur an den schönsten Lehmhäusern vorbei, deren Bautechnik mit den gestampften Wülsten und den gegen das Regenwasser nach oben gewölbten Ecken sich in Jahrhunderten entwickelt hat. Er kann auch ein Wunderwerk des Recycling studieren: Einen Wasserturm, der aus den Starrachsen geländetauglicher Autos geschweißt ist, höchst grazil durch die runden Aussparungen in der Mitte jeder Achse, in der früher das Differenzial saß.

Hilfsmotoren

Lange Zeit trugen Autos an Metallarmen mehr oder weniger windschnittige Außenspiegel. Jeder Fahrer stellte sie vor Antritt der Fahrt durch einige Handbewegungen ein. Wenn ein solcher Spiegel zu Bruch ging, konnte jeder Nutzer im Besitz eines Schraubenschlüssels das Teil auswechseln. Um das Fenster zu verstellen, drehte man an einer Kurbel.

Heute sind in den meisten Fahrzeugen die Außenspiegel elektrisch verstellbar und oft auch beheizt, die Fenster werden durch Servomotoren geöffnet und geschlossen. Abgesehen davon, dass alles, was kompliziert und unübersichtlich ist, aufwendiger in der Produktion, anfälliger für Störungen und schwieriger zu reparieren ist – diese Neuerungen haben dazu geführt, dass der in einer engen Garage abgerissene Außenspiegel, früher eine Bagatelle, inzwischen einen mittleren dreistelligen Betrag kostet.

Der alte Außenspiegel war klüger, er hat dem Nutzer mehr beigebracht; sogar die Beziehung zum Beifahrer wird durch die elektronische Steuerung von einer Konsole aus eliminiert. Ähnliche Zweifel wie gegen diese Außenspiegel melde ich gegen die von elektrischen Hilfsmotoren getriebenen Fahrräder an. Überall, wo ein Motor hilft, schwindet auch die unmittelbare Rückmeldung der Mechanik eines Geräts an die Mechanik unseres Körpers.

Das Fahrrad, das ich durch meine Kraft bewege, ist ein kluges Ding, das mich den Zusammenhang zwischen meiner Mühe und ihren Gegenkräften lehrt. Gewicht, Steigung, Gefälle, Rollwiderstand, Übersetzung, Körperhaltung spielen alle ihre Rolle; zudem ist die Technik vieler Fahrräder noch so übersichtlich, dass der Nutzer Reparaturen selbst erledigen kann. Freilich greift hier die Konsumgesellschaft in die Speichen.

Meister und Tauscher

Erhitzt und betrübt kommt meine Frau nach Hause: Ihr abgestelltes, neues Rad – Aluminiumrahmen, Siebengangnabe – hat hinten einen so starken Schlag, dass sie nur noch mit großer Mühe fahren kann; der Mantel streift am Rahmen. Ich nehme den Schraubenschlüssel und versuche, das Rad so einzustellen, dass es nicht mehr an der hinteren Gabel gebremst wird. Es gelingt, aber das Fahren macht keine Freude mehr, das Heck zappelt.

Vielleicht hilft der Händler?

»Erst hat er gesagt, es ist mein Fehler, das Rad hat sich verzogen, weil ich die Speichen nicht nachziehen ließ. Dann hat er festgestellt, dass nichts zu machen ist. Bei einer Stahlfelge könne man einen leichten Schlag richten, aber auf gar keinen Fall bei einer Aluminiumfelge. Er kann mir nur ein neues Hinterrad verkaufen, mit einfacher Rücktrittnabe um achtzig Euro; mit der

Torpedo-Siebengang kostet es an die dreihundert. Ich habe mich gewundert, dass diese neuen Räder sich verziehen, wenn man die Speichen nicht kontrolliert. Bei meinem alten Rad habe ich das nie gemacht und es ist zwanzig Jahre gefahren. Ich habe geglaubt, dass irgendein Rowdy dagegen getreten ist.«

Jetzt fällt mir ein, dass ich vor längerer Zeit dem Dorfschmied in Obermässing ein Rad gebracht habe, dessen Schlag ich nicht reparieren konnte. Er hat es damals für zwanzig Mark gerichtet, es lief wieder tadellos. Obermässing liegt in Mittelfranken, nicht weit vom Altmühltal und dem alten Dorfwirtshaus, das wir als Wochenendhaus nutzen.

Neulich lade ich Gudruns Rad in den Kombi und fahre zu dem Schmied. Er ist schon lange in Rente. Man läutet an einer mit Drahtglas und eloxierten Aluminiumstäben geschützten Haustür. Er ist meistens da, hört sich an, dass ich von Hagenbuch komme und ein Rad mit Schlag habe, das ich selber nicht mehr hinbringe. »Ja, ja«, sagt er bedächtig und sieht sich den Schaden an. »Der Achter ist ganz schön stark, aber es müsste schon gehen, ich probier's. Rufen Sie morgen Abend an!« Ich schreibe die Nummer auf und bedanke mich.

Am Sonntag kann ich das reparierte Rad abholen. Der Schlag ist bis auf einen kaum merklichen Rest verschwunden. Die Reparatur kostet nicht mehr zwanzig Mark, sondern zehn Euro. Ich frage ihn, wie er es macht. »Ich nehme das Rad herunter, den Mantel, den Schlauch, dass ich von innen an die Speichen komme. Und dann muss man ein bisschen probieren.« Er ist über siebzig, ein Fahrradmeister, kein Teileverkäufer.

Noch einige Hinweise, um den Teileverkäufer vom Handwerksmeister zu unterscheiden. Der Meister wird die Aufgabe betrachten und nachdenken, ob er sie lösen kann. Der Teileverkäufer wird versuchen, Ausreden für seine handwerkliche Inkompetenz zu finden. Er wird auf jeden Fall wissen wollen, ob das Rad bei ihm gekauft wurde. Wenn nicht, lehnt er rundheraus ab, es zu richten: der Kunde hat sich Schrott andrehen lassen und muss sich über die Folgen nicht wundern.

Nie sollte man ein Fahrrad bei einem Händler kaufen, der ein Schild im Schaufenster hängen hat: »Wir reparieren nur die bei uns gekauften Räder.« Hier sitzen Verkäufer, keine Meister. Naive Kundschaft, die den vagen Auftrag gibt, ihr im Winter etwas eingerostetes Rad wieder fit zu machen, wird mit einer Schauergeschichte von Schläuchen, die platzen, wenn sie nicht jedes Jahr ausgewechselt werden, auf eine hohe Rechnung vorbereitet. Ich fahre Räder, bei denen seit zwanzig Jahren dieselbe Schlauchgarnitur problemlos hält. Viel schneller verschleißen, dem Licht ausgesetzt, die Decken.

Unsere Kinder lernen kaum je, wie sie einen platten Reifen flicken und ein Fahrrad mit etwas Aufmerksamkeit betriebsbereit halten können. So sind sie erleichtert, wenn ein Klappergeräusch endlich aufhört, das sie schon längere Zeit gestört hat. Dann klagen sie über ihr Pech, dass ihnen bei einer besonders dringenden Fahrt das Schutzblech in die Speichen fällt und sie mit einigen Schrammen oder Schlimmerem auf der Strecke bleiben.

Fahrräder sind neben mechanischen Schreibmaschinen, elektrischen Lampen und Dübeln in der Wand eine Domäne der von jedem Bastler beherrschbaren Technik. Es gibt eine ebenso anschauliche wie witzige Anleitung, die »Fahrradheilkunde« von Ulrich Herzog. Das *Pedelec* oder wie auch immer das Rad mit Hilfsmotor heißt, kehrt dem durchschnittlichen Bastler den Rücken und verspricht Erleichterung, die freilich in doppelte Plage umschlägt, wenn der Akku leer, die Steckdose aber noch nicht erreicht ist. Neben dem Mofa mit Benzinmotor ist das *Pedelec* sicherlich das kleinere Übel. Aber ein kluges Ding ist es nicht.

Heimwerks-Gefahren

Wer sehr viel Zeit hat und einen Haushalt führen soll, für den kommen die zahllosen elektrisch betriebenen Haushaltsgeräte gerade recht. Er darf nicht mehr schnell und handwerklich mithilfe seiner Muskeln Brot oder Wurst schneiden, Teig rühren oder kneten, Kartoffeln schälen und Gemüse zerkleinern. Er muss seine motorisierten Helfer kaufen, warten und beschäftigen.

Es kann Stunden kosten, eine Bedienungsanleitung gründlich zu studieren und sie in brauchbares Deutsch zu übersetzen, sich Anweisungen zu Gemüte zu führen, dass dieses Gerät vor einem Übermaß von Hitze und Nässe geschützt werden muss, dass es nicht unbefugt geöffnet werden darf und bitte der Stecker gezogen werden möge, ehe jemand einen Finger in das Messerwerk des Mixers steckt. Ist dann die Arbeit getan, müssen die Geräte gesäubert werden, was auch recht umständlich ausfallen kann. Dann gehen sie kaputt, die Entscheidung steht an, ob sich eine Reparatur lohnt oder die Fahrt zur Sondermülldeponie angezeigt ist.

Ähnliches gilt für die sogenannten Heimwerker-Maschinen, vor allem für jene billigen Sets mit einem Motor und allerlei Anbauten. Die Axt im Haus mag den Zimmermann ersparen – vorausgesetzt, jemand kann mit ihr umgehen.

Das hilfsmotorisierte Werkzeugset kann meistens nichts von dem richtig, was es zu leisten verspricht. Und während Beton den billigen Werkzeugen trotzt, ist die Verletzungsgefahr groß.

Wo der Handwerker nur die eigenen Kräfte einsetzt, hat er sehr viel mehr Kontrolle über das Geschehen als mit dem angeblich arbeitserleichternden Gerät. Was passiert, wenn er es einschaltet, ist oft nicht vorhersehbar. Mehr als 300 000 Menschen verunglücken jährlich nach der Stiftung Warentest[17] in Deutschland beim Heimwerken. Das sind rund 830 Unfälle am Tag. Die Bandbreite reicht von leichten Verletzungen bis zum Verlust eines Auges oder dem tödlichen Sturz von der Leiter. Die meisten Unfälle passieren mit elektrischen Kreissägen und Bohrmaschinen, typischen Produkten der Motorisierung des Haushalts.

Wie überflüssig die meisten dieser Geräte sind, entdeckt der Bastler erst, wenn er in ein Haus zieht, das nicht an das elektrische Leitungsnetz angeschlossen ist. Eine gute Handsäge leistet mit weniger Lärm und Gefahr ebenso viel wie die gefährliche, billige Kreissäge mit Motor. Selbst Dübel lassen sich mit einem mechanischen Schlagbohrer exakter setzen als mit der kreischenden Bohrmaschine. Der Werkzeugkasten wird übersichtlich, niemand fällt mehr über Kabel. Die Arbeit gewinnt meditative Qualitäten zurück, es gibt Gelegenheit, den eigenen Bewegungsablauf zu beobachten und ihn ökonomisch zu gestalten, während der laufende Motor lärmt und den Wunsch weckt, möglichst schnell fertig zu werden.

---

[17] Website www.test.de, aufgerufen am 24.2.2015: Gefährliches Heimwerken

Kühlschrank

Im Jahr 1952 ging ich an einem sonnigen Januarmittag vom Gymnasium in Passau nach Hause. Es war ein Weg durch die Altstadt, über die Maxbrücke (eine genietete Eisenbrücke, 1970 abgerissen) nach Eggendobel und die Donauleite hinauf nach Sturmberg. An der Rieser Straße gab es einen Metzger; mein Weg führte hinter ihm den Abhang hoch. Dort stand, an die Rückmauer des Metzgerladens gelehnt, ein würfelförmiges Gebäude mit sehr dicken Mauern und winzigen, immer mit Holzläden verschlossenen Fenstern.

Jetzt waren Läden und Fenster geöffnet. Ich hörte ein merkwürdiges Stampfen und Klirren, gemischt mit dumpfen Stimmen aus der Tiefe. Neugierig blickte ich hinein. Ein kalter Luftzug wehte mir entgegen. Unten sah ich in einem tiefen Schacht zwei Männer, die mit großen Holzhämmern Eis zertrümmerten; von draußen glitt auf einer hölzernen Rutschbahn eine Eisscholle nach der anderen herein, grünes Eis aus der Ilz. In einer Ecke lag ein Haufen Sägemehl. Ich schaute lange; plötzlich spürte ich einen jähen Schmerz im Gesicht, dicht neben dem rechten Auge. Ich tastete danach, während ich weglief: Blut, Wut, Erleichterung, »das hätte ins Auge gehen können!«

Ein Splitter hatte mich getroffen. Ich weiß nicht, ob ihn einer der Hämmer hochschleuderte oder einer der Männer sich über den Beobachter ärgerte, der das Licht wegnahm, und ihn auf diese Weise strafte.

Vier Jahre später sah ich an einem Weiher bei Traubing in Oberbayern den Anfang der Eiskette. Ich lief Schlittschuh, als ein Bauer mit einem Schlepper, einigen Knechten und einer Ladung von Brettern und Böcken auf dem Anhänger kam. Sie bauten eine Rutschbahn vom Ufer auf den Anhänger und fingen an, mit Pickeln ein Loch in die Eisfläche zu schlagen und mit einer Zweihandsäge Stücke aus der Eisfläche zu schneiden, die sie mit Hakenstangen über die improvisierte Rutschbahn in den Anhänger beförderten. Das war für den Eiskeller des Bauernwirts.

Vor der Elektrifizierung und den Kühlmaschinen, die nach dem Kompressor- oder Absorber-Prinzip Kälte erzeugen, war natürliches Eis, im Winter von Flüssen und Seen herangefahren, mit großen Hämmern zerkleinert, mit Sägemehl isoliert und in Felsen- oder Erdkellern gelagert, ein Mittel, im Sommer zu kühlen. Ein solcher Eiskeller ist ein kluges Ding. Er nutzt, was die Natur bietet, ohne sie zu stören. Er schärft die Sinne und die Voraussicht. Wenn die Dicke der Eisschicht im Keller gut gewählt ist, reicht sie bis zum nächsten Winter.

Wie viel ökologische Geistesschwäche im Kühlschrank eingebaut ist, bemerkt man im Winter, wenn draußen die Kälte klirrt
und drinnen der Kompressor surrt. Als wir vor einigen Jahren
die Spuren aller studentischen Improvisationen mithilfe eines
freundlichen Küchenbaumeisters aus unserem Haushalt tilgten,
dachte ich, ein Kühlschrankmodell, von dem ich einmal in einer
ökologischen Zeitschrift gelesen hatte, sei auch auf dem Markt zu
finden. Es sollte da ein in die Nordmauer integriertes Aggregat
geben, das kalte Außenluft nutzt.

Keiner der Innenarchitekten, die ich fragte, wusste, wo es dieses Modell gab. Alle Fachleute vermuteten, wenn ich so etwas
bauen ließe, sei es sicher derart teuer, dass man von den Mehr-
kosten bis zum Tag der Klimakatastrophe mehrere normale
Kühlschränke betreiben könne. Widerwillig gab ich auf. Es wäre
zusätzlich schwierig gewesen, das Einverständnis des Hausver-
walters für eine Durchlöcherung der Nordmauer zu gewinnen.
Seither steht ein Klimazonen-Frostautomat mit extra dicker Isolierung und FCKW-freiem Kühlmittel in unserer Küche, trotz
aller Bemühungen ein ziemlich dummes Ding.

Kugelschreiber

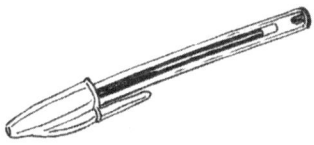

Ein typisches Merkmal dummer Dinge ist die Verführung des Nutzers durch eine perfekte und komfortable Funktion. Das Ding ist billig zu haben, bleibt aber undurchschaubar und lässt den Nutzer auf gänzlich unberechenbare Weise plötzlich im Stich. Dann wird es weggeworfen und richtet Schaden an.

Ein Alltagsbeispiel für solche Fehl-Erfindungen ist der Kugelschreiber. Die Grundidee ist einfach und passt zur Industriegesellschaft wie die Faust aufs Auge. Jeder Kugelschreiber besteht aus drei Teilen, die alle extrem billig produziert werden können: dem Reservoir für die Tintenpaste, der Schreibspitze, welche das Reservoir nach unten abschließt und die Kugel hält, und der Kugel selbst, die meist aus Hartkeramik in der gewünschten Strichbreite zwischen 0,2 und 1,2 Millimetern gefertigt wird.

Nur zu Beginn ihrer Laufbahn waren Kugelschreiber teurer als Füllfederhalter und brachten tatsächlich einen Vorteil für eine rare Aufgabe: in einem Flugzeug unauslöschliche, gut lesbare Zeichen zu hinterlassen. Wie jeder Flugreisende erleben kann, der seinen Füllfederhalter achtlos in der Jacke stecken lässt, drückt die Ausdehnung der Luft in einem nicht ganz gefüllten

Tintenbehälter die Tinte in die Feder; Kleckse und blaue Finger sind fast unvermeidlich, wenn jemand so in den Lüften schreiben will.

Nach Vorarbeiten verschiedener Tüftler hat der Ungar Laszlo Jozsef Biro den Kugelschreiber in seiner heutigen Form patentieren lassen – als Füllfederhalter für Tintenpaste (*Fountain Pen for Pulpy Ink* 1938 in den USA). Biro war Jude und musste vor den Nazis aus Ungarn fliehen.

Ein britischer Geschäftsmann erkannte den kommerziellen Wert des Patents für die Flugzeugindustrie, kaufte Biro die Rechte ab und gründete die erste Fabrik, die durch Großaufträge der Royal Air Force eine Serienproduktion beginnen konnte. Die ersten deutschen Modelle kosteten 1950 noch zwanzig Mark.

Diese flugtauglichen Kugelschreiber sind teuer, denn in ihnen muss Stickstoff unter Druck in einer gut verschlossenen Mine die Paste zur Kugel drücken. Die Massenware verlässt sich auf die Schwerkraft, versagt entsprechend schnell und radikal. Sie wird weggeworfen und zu einer Gefahr für kleine Kinder: Nach einer neueren Statistik stirbt jeden Tag in Deutschland ein Kind, weil es Teile eines Kugelschreibers verschluckt oder eingeatmet hat.[18]

Der Bleistift (➤ Bleistiftspitzer) und sein alter Verwandter, der angeblich giftige Kopierstift, sind kluge Dinge, die uns über das Wesen des Schreibvorgangs ebenso belehren können wie der klassische Federkiel, den sich Schreiberin oder Schreiber aus den Schwungfedern von Schwan oder Gans zurechtschneiden muss-

---

[18] Anna-Lena Roth, Thorsten Wiese: Gefahren am Arbeitsplatz – Kugelschreiber sind Todesmaschinen, Der Spiegel, 23. Juli 2014, abgerufen am 16. November 2014

ten. Wo die Federn rar waren, behalf man sich mit Schilfrohr; die Rohrfeder gab den Zeichnungen der alten Künstler – Rembrandts etwa – eine heute unerreichbar scheinende Präsenz, einen zarten, schwellenden Strich von höchster Ausdruckskraft. Wer schrieb, machte seine Feder selber; er wusste genau Bescheid über scharfe Federmesser und das Naturmaterial, das er zu seinem Werkzeug machte.

Die Stahlfeder im Westen nahm etwas auf, das der Pinsel im Osten schon viel früher begonnen hatte: Wer schrieb, benutzte ein fertig gekauftes Gerät und tauchte es in den flüssigen Farbstoff. Auch die Tinte fertigten sich die frühen Schreiber selbst; in Europa aus Eichengallen, während im Osten Platten aus feinstem Ruß gepresst und vor dem Schreiben auf einem Reibestein mit Wasser zu einer bald grauen, bald schwarzen Tusche verarbeitet wurden.

Feder, Füllfeder und Bleistift belehren uns über den Zusammenhang zwischen der Spur auf dem Papier und ihrem Innenleben. Der Kugelschreiber tut das nicht. Er ist bequem und sicher und wird gerade dann, wenn es am wenigsten passt, nur noch eine Druck- aber keine Tintenspur hinterlassen. Der Nutzer hackt auf das Papier, er kreist, er schüttelt – manchmal mit vorübergehendem Erfolg, manchmal ohne Ergebnis. Dann greift er nach dem nächsten *Biro* oder *Bic*.

Laufband

Unser Körper ist für ein Leben als Sammler und Jäger konstruiert, angelegt darauf, dass Bewegungen einen Sinn haben. Vielleicht wurzelt darin die unlösbare Frage nach dem »Sinn des Lebens«. Wenn Wurzeln geerntet, ein Bienennest entdeckt, eine Beute erlegt werden, müssen alle körperlichen und mentalen Kräfte zusammenwirken. Dann gibt es lange Phasen der Suche. Sie umfasst das Vertraute so wie das Neue. Wir entdecken Neues, indem wir es mit Vertrautem vergleichen. Dadurch gewinnt die Suche erst ihre Substanz; vorher ist sie ziellos und in der Regel weniger wirkungsvoll.

Wenn ich regelmäßig in einen Wald gehe, um Pilze zu sammeln, brauche ich anfangs viel Zeit und ernte wenig. Ich kenne den Wald noch nicht, finde keine bequemen Pfade, habe keinen Plan in mir, weiß keine Fundplätze. Im Lauf von vielen Sammelzüge gewinnt mein Revier eine Struktur. Ich trage einen Plan in mir, der viel Zeit spart, weil ich nicht mehr überall mit gleicher Intensität suche, sondern an den erprobten guten Stellen intensiver und an den wenig lohnenden nur flüchtig. Ich kenne bequeme Wege, wo das Gelände offen und der Überblick gut ist. Vor diesem Vertrauten, das ich suche, hebt sich das Neue, das ich finden will, deutlicher ab.

Wachsam durch die Welt zu wandern, ist die Grundbeschäftigung des Menschen – nicht vor einem Bildschirm zu sitzen und Welten wegzuzappen, die nicht schön genug sind.

Wo diese harmonische Übung von Körper und Geist verloren geht, werden dumme Dinge erfunden, um den Verlust auszugleichen. Man kann beispielsweise eine komplizierte Maschine vermarkten, welche dazu dient, die verlorene Wanderung durch die Welt mithilfe eines elektrisch betriebenen Laufbands wiederherzustellen. Von dort blickt der Läufer, der sein Schwitzen regulieren kann, auf eine Digitaluhr, welche ihm sagt, ob er genug geschwitzt hat. Etwas Neues finden wird er auf diesem Gerät nie, aber er kann es immerhin vor dem Fernseher aufstellen oder die Luxusausgabe mit dem eingebauten Abspielgerät kaufen.

Der leitende Angestellte fährt aus seinem klimatisierten Büro mit dem Aufzug in die Tiefgarage, besteigt dort sein übermotorisiertes Fahrzeug und geht an seinem Feierabend in den Fitnessraum, den er sich in seinem Bungalow in der grünen Vorstadt installieren ließ. Oder er geht nicht dorthin, die Geräte stehen still, er hat heute keine Lust, schon zu viel Stress gehabt, ein Bier vorm Fernseher ist viel gemütlicher.

Ich würde gerne einmal erforschen, wie viele der von muskulösen Athleten angepriesenen Geräte unbenutzt in einem Winkel verstauben, weil die Übungsdisziplin nicht mitgeliefert werden kann. Wer die hat, der kann durch Waldlauf, Kniebeuge und Liegestütz seine Figur aufs Schönste *shapen*. Wem sie fehlt, dem helfen auch keine Hometrainer; besser wäre eine Gruppe, die den Einzelnen bei der Stange hält.

Wenn der Arzt wegen hohen Blutdrucks und Fettansatz zu »mehr Bewegung« rät, wenn der Blick in den Ganzkörperspiegel Verzweiflung weckt, liegt der Erwerb einer der Wundermaschinen nahe, die in kürzester Zeit und hochbequem den Körper zu stählen versprechen. Wer eine dieser Maschinen erwerben will, dem sei der Gang auf den Flohmarkt dringend empfohlen. Selbst auf dem kleinsten finden sich einige der Bauchwegtrimmer, der Stehfahrräder, der Hanteln und sonstigen Untensilien, mit denen wir nachholen sollen, was uns vorher die Servomotoren abgenommen haben.

Maschinen, die nichts anders können, als die ein oder andere Muskelgruppe zu erhitzen und dadurch die Produktion von mehr Muskelfasern anzuregen, sind eine Beleidigung der menschlichen Intelligenz. Sinnvoller wäre es, an Trimmräder und Rudermaschinen Dynamos anzuschließen. Fitnesszentren könnten ihren eigenen Strom produzieren. Noch klüger angesichts der tief verwurzelten Neigung, die heilsame Bewegung zu vergessen, wären Geräte, die einen direkten Kraftschluss herstellen: Fernseher, Videorekorder oder Computer, die nur funktionieren, wenn man in Pedale tritt oder eine Kurbel dreht.

Das gesunde Leben wird im Fitnesskult zum Additiv, wie Vitamine im Dosengemüse. Es wird erst ausgetrieben und dann mit hohem Aufwand und geringem Erfolg rekonstruiert. Wir leben länger als die Menschen der Steinzeit, weil Kälte und Hunger gefährlicher sind als Klimaanlagen und Übergewicht. Aber wir könnten noch weit länger und vor allem mit höherer Qualität leben, wenn wir mit unseren technischen Möglichkeiten vernünftig umgehen und nicht mehr blindlings jede Anstrengung bekämpfen, weil sie uns an eine Zeit erinnert, in der wir nur im Schweiß unseres Angesichtes Brot essen konnten.

Bewegungsmangel ist der Anfang aller »Zivilisationskrankheiten«. Ärztliche Appelle oder Ratschläge in Gesundheitszeitschriften sind wenig hilfreich; besser wären Verkehrssysteme, in denen die körperliche Übung ihren Platz haben *muss*. Humanomobile statt motorbetriebener Fahrzeuge, Grünbahnen, um auf angenehme Weise von einem Ort zum anderen zu kommen. Nicht der Radweg soll der Autostraße abgetrotzt werden. Die Autostraße braucht eine Zulassung, die so streng gehandhabt wird wie die von Maschinenpistolen.

Leichtbau

Ingenieure sind stolz auf den Leichtbau: Wenn an dem Fahrrad-
rahmen ein Kilo Gewicht gespart werden kann, ohne an Steif-
heit einzubüßen, wenn das Flugzeug weniger Treibstoff verbraucht, weil durch raffinierte Berechnungen die Außenhaut
überall nur so dick ist, wie unbedingt nötig, nicht wie das Blech
aus der Walzfabrik kommt, wenn das Auto aus Aluminiumpro-
filen gebaut wird. Das klingt nach einer klugen Technik. Aber
der Kontext weist doch darauf hin, dass Leichtbau auf einer
großen und umfassenden Dummheit beruht, indem er sich als
etwas Besonderes ausgibt. Warum ist denn nicht *alles* so leicht
wie möglich und so schwer wie nötig gebaut? Warum gibt es Bau
und Leichtbau?

Die Dummheit im Leichtbau liegt darin, dass er nachträglich eingesetzt wird, um eine längst als gegeben, als unverän-
derlich geltende Technologie »wieder leichter zu machen«, »wie-

der an Gewicht zu sparen«. Die Tür des teuren Autos fällt mit sattem Klang ins Schloss, hat aber auch das Gewicht einer Panzertür. Leichtbau dient dann dem Zweck, den satten Klang zu erhalten, aber ein paar Kilo Gewicht zu sparen. Und niemand stellt die Frage, warum die ganze Technologie so schwer sein muss, warum so viel Verschwendung an Material und Energie verbaut wurde?

Leichtbau könnte Bau schlechthin sein, nicht Augenwischerei, Trostpflaster für das schlechte Gewissen der schwerlastigen, energieverzehrenden, dumm-komfortablen Bauweise, die sich mit der Rede vom Leichtbau ein ökologisches Mäntelchen umhängt. Sobald er in dieser Weise verlogen schillert, ist Leichtbau eine dumme Sache. Alles, was Energie verzehrt, sollte von Anfang an so leicht wie möglich sein.

Es ist eines der tragischen Rätsel der Industriegesellschaft, weshalb Ingenieure und Kapitaleigner trotz des längst vorhandenen Wissens um die Endlichkeit der Rohstoffe Autos konstruiert haben, die in Zeiten der Straßenkreuzer (die ihren Namen von gepanzerten Schlachtschiffen herleiten) zwanzig Liter Benzin für eine Strecke von 100 Kilometern verbrauchten und einen in mehrere Tonnen Stahl gesperrten Fahrer beförderten. Damit dieser Unsinn noch ein wenig länger läuft, greifen wir zum Leichtbau. Fazit: Sobald es Dummheit verbirgt, wird das Feigenblatt selbst zum dummen Ding.

Lichtschalter

Kaum etwas hat den verborgenen Größenwahn von *Homo consumens* so stimuliert wie die elektrische Beleuchtung. Das gottgleiche »Es werde Licht« wird zur alltäglichen, gedankenlos vollzogenen Selbstverständlichkeit. Ich habe lange in einem Haus ohne Anschluss an das Stromnetz gelebt und beobachtet, wie ich zu Beginn meiner Aufenthalte dort nach dem Betreten eines dunklen Raums erst einmal neben die Türe griff, wo sonst der Schalter sitzt.

Die Bequemlichkeit des Lichts auf Knopfdruck führt zur gedankenlosen Verschwendung. Das Licht wird angeschaltet und erleuchtet Haus und Hof, bis alle schlafen gehen; um die dunkle Jahreszeit wird noch die Fichte im Vorgarten illuminiert und ein Weihnachtsmann samt Schlitten und Rentier funkelt auf dem Dach.

Parallel dazu wird uns Angst damit gemacht, dass die Lichter ausgehen, wenn wir Energieunternehmen nicht unterstützen, riesige Netze zu bauen und zumindest unsere Nachbarn teils immer noch überlegen, die Atomkraftwerke noch ein wenig länger laufen zu lassen, ja selbst neue zu bauen, mit allen ihren ungelösten Problemen. Die Geschichte der menschlichen Abhängigkeit von Leitungsnetzen und den destruktiven Qualitäten solcher Machtmonopole ist lang, fesselnd und im Ergebnis höchst unerfreulich.

Das elektrische Licht macht den Blick der Astronomen zu den Sternen in dicht besiedelten Gebieten unmöglich. Lichtverschmutzung *(light pollution)* hat dazu geführt, dass neue Teleskope heute nur noch an den entlegensten Orten des Planeten gebaut werden.

Das erste Leitungsnetz

Die Glühbirne war der erste Schritt zur gedankenlosen, globalen Lichtverschwendung. Irgendwann wuchs die Einsicht, dass sie zu viel wärmt und zu wenig leuchtet. »Energiesparlampen« gehören in die schon beim Leichtbau erwähnte Feigenblattgeste: wir haben übertrieben, wir sehen es ein, wir verbessern – und diese Verbesserung hilft uns, zu verleugnen, dass wir geradeso weitermachen wie bisher, anknipsen und ausknipsen.

Das erste große Leitungsnetz für die Lichtverschwendung war nicht für Elektrizität gebaut, sondern für Gas. Noch heute werden in manchen Großstädten (Wien, Berlin) Straßenzüge durch Glühstrümpfe beleuchtet, die von einer Gasflamme erhitzt werden und ein helles Licht geben. Das Gaslicht wurde von großen Unternehmen vorangetrieben; die Netzwerke griffen oft nach Bürgermeistern und Stadträten. Daher mussten die Vertreter der Elektroindustrie noch lange mit dem Widerstand der Gasindustrie kämpfen, als sie ihre Beleuchtung gegen das Gaslicht durchsetzen wollten.

Die Herstellung der Glühstrümpfe war ein heiß umkämpftes Kapitel Industriegeschichte – eines der vielen Beispiele, wie die Intelligenz eines Forscher-Erfinders zu einem Produkt führt, dass die meisten Nutzer nur noch kaufen und einsetzen, aber nicht mehr verstehen.

Es begann damit, dass J. P. Gillard die Möglichkeit entdeckte, die fast unsichtbare Flamme von Spiritus- und Wasserstoffbrennern dadurch zu einem Lichtgeber zu machen, dass er die Flamme mit einem Mantel aus Platingaze umgab. Die feinen Drähte glühten und spendeten ein helles, geruchloses Licht; aber nach drei Tagen wurde dieses Licht trüber, das Platin war oxidiert und musste erneuert werden. Platin ist teuer, und obwohl es besser als alle anderen Metalle der Korrosion widerstand, war die Lampe nicht für den Alltag geeignet.

Die entscheidende Entdeckung machte Auer von Welsbach während seiner spektrographischen Forschung über eine Reihe bisher wenig erforschter Elemente, der Seltenen Erden. Er fand heraus, dass ein mit Metallsalzen getränkter Baumwollfaden, den er erhitzte, viel besser leuchtete als ein dünner Platindraht, der in die Salzlösung getaucht worden war. Die feuchten Salze verbanden sich, sobald der Faden in der Hitze verbrannt war, zu einer festen Masse. Aus Baumwolle ließen sich billige Netze machen und mit ebenfalls relativ billigen Salzen tränken. 1885 ließ Welsbach seinen ersten Glühstrumpf patentieren; er wurde in den nächsten Jahren durch immer neue Versuche mit anderen Salzmischungen verbessert, bis klar war, dass Thorium mit einer kleinen Zugabe von Cer alle anderen Seltenen Erden (als da sind Scandium, Cer, Lanthan, Yttrium und andere) weit übertrifft: Es schrumpft nur sehr wenig, es verbrennt nicht. Diese Erfindung, die ebenso oft verbessert wurde wie der erste Faden in einer elektrischen Lampe, hat das Gasglühlicht durchgesetzt und mit ihm die Abhängigkeit der Beleuchtung von einem Netz der Energiezufuhr.

Das elektrische Licht hat daran nur wenig geändert; die gegenwärtig erprobten Formen der Solar- und Windenergie enthalten verheißungsvolle Anfänge, wieder etwas mehr Intelligenz in das System der großen Energiekonzerne zu bringen. Wie gefährlich solche Systeme sind, zeigt sich nicht zuletzt darin, dass sie durch den eigenen »Versorgungsauftrag« zu untragbaren Risiken bewogen worden sind. Beide Energiequellen, Strom und Gas, können auch dezentral erzeugt werden, wobei Gas eine Vielfalt von Möglichkeiten bietet: Methangas wird vielfach aus organischem Abfall gewonnen. In der Kriegs- und Nachkriegszeit wurden auch in Deutschland viele Fahrzeuge mit einem improvisierten Holzvergaser ausgestattet. Auf meiner ersten Autofahrt in einem Opel-Blitz musste der Fahrer plötzlich anhalten und Holz nachlegen; ich dachte damals, fünf Jahre alt, das sei bei Autos immer so.

Erhitztes Holz liefert ein brennbares Gasgemisch, vor allem Kohlenmonoxid und Methan mit etwas Ethylen und Wasserstoff. Bis in die frühen 1950er-Jahre waren in Deutschland mit Sonderführerschein solche Kleinlastwagen im Einsatz. »Getankt« wurden Buchenholzscheite, für einen Liter Benzin wurden drei Kilogramm Holz gerechnet. 1945 fuhren in Deutschland rund 500 000 »Generatorgaswagen«; der Treibstoff wurde in Tankholzwerken produziert. Diese Technologie ist zwar umständlicher, aber auch autonomer als der Elektroantrieb. Wer Holz hat, kann fahren.

Lampen

Die Lampe der altsteinzeitlichen Jäger war ein weicher Stein, oft Steatit (Speckstein), in den eine Grube geschnitzt wurde. Ein Docht wurde aus Moos oder Flechten gedreht, tierisches oder pflanzliches Fett oder Öl verbrannt. Ohne dieses Hilfsmittel hätten unsere Ahnen die Höhlen nicht besiedeln können, wäre es den Inuit nicht möglich gewesen, die Polarnacht zu überstehen. Die Öllampe leuchtet, wärmt, kocht. Sie entwickelt mit einem neuen Material das alte Lagerfeuer weiter, das ebenfalls alles in einem ist: Licht, Wärme, Küche. Während der Lichtschalter uns wenig sagt, was über seine unmittelbare Funktion hinaus geht, hat das Feuer schon immer mit dem Menschen gesprochen, ebenso die Lampe – erinnern wir uns an Aladins Wunderlampe.

Die Lampe gehört zu den Eingrenzungen und Spezialisierungen des Feuers. Ihre Urformen verraten noch, dass sie Feuerstellen im Kleinen sind, offene Schalen aus Stein, Eisen, Bronze (wie die indischen Öllampen), an deren Rand ein Docht liegt, der so weit herausragt, dass er nicht im Brennfett ertrinkt, und so dicht an diesem, dass er aus ihm jene flüchtigen Bestandteile saugen kann, die seine Flamme speisen.

Afrikanische Lampen sind oft aus einem Stück Eisen geschmiedet: Ein Stab, dessen spitzes Ende in den Boden gesteckt wird, verbreitert sich zu einer Schale; das Ganze bewacht oft ein Vogel, überall ein Symbol der flüchtigen, in die Luft strebenden Flamme, deren Geheimnis durch unsere Theorie der Oxidation von Kohlenwasserstoffen nur abstrakt erfasst werden kann.

Die leuchtende Flamme der ältesten Lampe ist für den, der aus tiefer Dunkelheit kommt, ein strahlendes Licht. Für einen, der sie mit der Sonne oder auch einer Glühlampe vergleicht, ist sie eine Funzel, die flackert und bei vielen gerade noch brauchbaren Brennstoffen auch stinkt und rußt. Sie ist trotzdem ein kluges Ding, weil sie jedem, der sie gebraucht, elementare Kenntnisse über Fett, Öl und die Qualität des Dochtes vermittelt.

Dem Achtsamen erklärt die Lampe auch den Unterschied zwischen pflanzlichen und tierischen Fasern beziehungsweise den modernen Kunststoffgeweben, deren Fasern nach demselben Prinzip entstehen wie das Gewebe der Spinne und daher auch ähnlich schlecht als Docht geeignet sind wie diese. In der Kraft des Dochtes, das Brennöl aufzusaugen und durch seine Kapillarwirkung von unten nach oben zu befördern, erkennen wir die Kraft der Pflanzenfaser, Wasser zu transportieren. Wir können die verschiedenen Fasern erproben und feststellen, welche sich im Lauf der Zeit durch die Kohle, die sie bilden, immer unwegsamer für den Fluss des Brennöls machen. Inuit verwenden Moosdochte; wo es Baumwolle gibt, hat sie dem Moos den Rang abgelaufen.

Die Kerze ist gegenüber der ehrwürdigen Öllampe ein dummes Ding. Es gibt sie noch nicht lange, und sie ist inzwischen so perfektioniert, dass sie uns eigentlich gar nichts mehr sagt als eine vage Absicht zur Romantik.

Weiterentwicklungen der Kerze sind jene Kreationen der modernen Nahrungsmittelindustrie, in denen beispielsweise Eier zerschlagen und in die Form einer Rolle gebracht werden, in der ein Dotterkern von einer überall gleichstarken Eiweißschicht umgeben ist. Der eilige Koch lobt sich dieses verbesserte Ei, weil es in Salaten und auf Broten nirgends mehr die unattraktiven Scheiben gibt, in denen kein Gelb im weißen Rand prangt.

Derselbe Koch verwendet auch aus Fleischresten gepresste Hühnerbrüste (➤ Hackfleisch) und stellt Kerzen auf den Tisch.

Wie bei den meisten dummen Dingen ist der erste Schritt genial: Ein unbekannter Erfinder umgibt den Docht mit dem Fett oder Wachs, das er verbrennen soll. Die primitiven Kerzen aus Talg verbrannten ungleichmäßig, die Dochte hingen herab und brannten dem, der die Kerze nicht putzte, als »Räuber« am unerwünschten Ort.

Heute kaufen wir fast immer Stearinkerzen (von dem teuren Bienenwachs abgesehen), die mit geflochtenen Baumwolldochten ausgerüstet sind und sich im Niederbrennen selbst verzehren, sodass die schönen Lichtputzscheren aus Stahl oder Messing, mit denen unsere Ururgroßeltern hantierten, überflüssig geworden sind und viele gar nicht mehr wissen, wozu sie taugen.

Ein Ort, wo Lampen immer gebraucht wurden und man ihnen aus verständlichen Gründen besondere Aufmerksamkeit schenkte, ist das Bergwerk. Die frühesten Grubenlampen waren einfache Schalen, aus Eisen geschmiedet und an einem großen Haken beweglich aufgehängt. Später kamen geschlossene, verschraubte Ausführungen aus Messing oder Bronze, in denen nicht so leicht der Staub das Öl verunreinigte. Aber das Lampenlicht blieb trübe, bis die Karbidlampe erfunden wurde, die um die Jahrhundertwende ihren Höhepunkt erreicht hat und damals nicht nur von Bergleuten verwendet wurde, sondern auch von Zugbegleitern, um die Räder und Bremsen nachts zu prüfen, ja selbst von Radlern, Kutschern und den frühen Autofahrern, um ihren Weg zu beleuchten.

Die Karbidlampe ist eine interessante Lösung. Sie operiert, anders als die Öllampe, mit geschlossenen Behältern für Wasser und Karbid. Sie lässt sich genau regeln, abstellen und wieder anstellen, indem die Wasserzufuhr geöffnet oder verschlossen wird. Karbid kann, ähnlich wie gebrannter Kalk, industriell in großen Mengen billig produziert werden. Aber das Karbidlicht ist den Konsumenten zu umständlich gewesen; es wurde durch Knips-Lampen ersetzt. Verglichen mit der typischen Taschenlampe, einem Wegwerfartikel, bleibt die Karbidlampe die elegantere Lösung. Ich erinnere mich noch an das gespenstische Licht, das Menschen sehr bleich erscheinen ließ, mit dem ein Nachbar in Deindorf abends die Küche beleuchtete. Er war schon an das Stromnetz angeschlossen, hatte aber einen großen Vorrat an Karbid billig erworben und wollte diesen – ganz guter Landwirt – nicht verkommen lassen.

Am Fahrrad haben die kleinen Dynamos das Karbidlicht verdrängt, intelligente Technik, die uns lehrt, wie viel Kraft die mechanische Umwandlung von Bewegung in elektrische Energie kostet, und Gelegenheiten gibt, Leitungen zu verlegen und korrodierte Anschlüsse zu erneuern, die in der hochgespannten Hauselektrik von Vorsichtigen dem Spezialisten überlassen werden. Die neueste Fahrradbeleuchtung ist dümmer geworden: Leuchtdioden mit Batterien, die angesteckt werden.

Seit der Oberst E. I. Drake 1839 in Pennsylvanien das erste Mal erfolgreich nach Erdöl bohrte, wurde das Licht von Petroleumlampen (»Steinöl« lesen wir noch in alten deutschen Büchern) erschwinglich. Der Markt wurde von Lampen überschwemmt. Seit 1859 die erste amerikanische Petroleumlampe patentiert wurde, meldeten Erfinder die nächsten zwanzig Jahre durchschnittlich achtzig Patente für Petroleumlampen-Verbesserungen pro Jahr.

Sie basieren auf dem bereits 1784 von Ami Argand erfundenen Ölbrenner, in dem die flackernde Flamme der alten Lampe durch einen Runddocht und einen auf eine durchbrochene Galerie um diesen Docht gesetzten Glaskamin zur Weißglut gebracht wird. Diese elegante Lösung, in der die Flamme ihren eigenen Blasebalg in Gang setzt, hat alle modernen Öllampen geprägt. Die oft zähen, gern kristallisierenden tierischen Öle (wie wir aus Herman Melville's unvergleichlichem Roman »Moby Dick« wissen, spielte hier Walöl eine zentrale Rolle; in der *Enzyclopaedia Britannica* von 1911 ist die *Sperm Candle* noch das Lichtmaß schlechthin) wurden mit Uhrwerken oder Federn zum Brenner gepresst.

Aus dem in großen Mengen verfügbaren Erdöl wurden seit dem Boom der Bohrungen in Amerika und Russland leichtere Öle gewonnen. Das typische Lampenöl sollte so flüchtig sein, dass es auch in der Kälte noch willig den Docht hinaufstieg, aber so träge, dass sich nicht – wie bei Benzin – bereits die Dämpfe entzünden. Die Petroleumlampe ist ein intelligentes Ding, das – wenn es funktionieren soll – die Aufmerksamkeit für verschiedene Einzelheiten trainiert: Wer keine vollständige Verbrennung erzielt, riecht das, sieht das, fühlt das spätestens, wenn Rußflocken den Raum durchschweben.

Um eine Petroleumlampe gut leuchten zu lassen, muss das Öl rückstandsfrei verbrennen. Zentrales Hilfsmittel dazu ist der Docht; er sorgt dafür, dass gerade so viel Öl den Brenner erreicht, dass die Flamme weder hungert noch überfüttert ist: Im ersten Fall funzelt sie, im zweiten stinkt sie und raucht. Gute Dochte enthalten langfädige Baumwolle; Reißwolle ist nicht geeignet. Die Fäden müssen locker versponnen und gewebt sein, mit so wenig Knicks und Verdrehungen wie möglich; sie müssen gut ausgetrocknet sein und den Dochthalter der Lampe ausfüllen, ohne zusammengedrückt zu werden.

Der Docht sollte lang genug sein, um den Boden der Lampe zu erreichen, und etwa fünf Zentimeter länger. Falsch ist es, einen halben Meter Docht im Öl schwimmen zu lassen. Denn da er als natürlicher Filter für die im Öl enthaltenen Unreinheiten dient, verlegen sich die Kapillaren im Lauf der Zeit. Wenn eine richtig eingestellte Lampe rußt, muss der *ganze* Docht erneuert werden.

Intelligente Technik ist fast immer auch autonome Technik. Unter diesem Aspekt ist die einfachste Lampe auch die beste, denn sie verlockt zu Experimenten mit unterschiedlichen Brennstoffen, die im Haushalt anfallen. Ich habe in dem vom Stromnetz abgekoppelten Toskanahaus gemütliche Leseabende mit einer zweidochtigen, kardanisch aufgehängten Öllampe aus Messing verbracht – auf einem Flohmarkt um dreißig Mark gekauft – die ich mit dem Öl speiste, das von einem Glas eingelegter Artischockenhälften übrig geblieben war und sonst weggeschüttet worden wäre. Als Dochte verwendete ich Stücke alter Tennissocken. Die Flamme roch schwach – nicht unangenehm – nach Fritten. Eine elaborierte Petroleumlampe hätte mir dieses Experiment verboten; sie ist vom gereinigten Lampenöl in Plastikflaschen abhängig und verträgt nicht einmal das billigere Diesel von der Tankstelle.

Eine intelligente Technik enthalten die fast vollständig aus dem Gebrauch gekommenen Lötlampen, die mit Petroleum oder Benzin betrieben werden. Sie wurden 1885 von Arthur Kitson erfunden und erzeugen eine heiße Flamme dadurch, dass der Brennstoff unter Druck aus einer Düse austritt und die entstehende Flamme den weiteren Brennstoff so erhitzt, dass dieser gasförmig wird und sie nährt.

Aus dieser bläulich brennenden Gasflamme lässt sich mit dem eingangs erwähnten Glühstrumpf helles Licht machen. Solche hellen, vom Leitungsnetz unabhängigen Lampen werden auf Abendmärkten oder in Berghütten eingesetzt.

Nach einer komplizierten Rechnung in meiner *Enzyclopae-dia Britannica*, der Dünndruck-Ausgabe von 1911, reizen drei Millionen *foot-pounds* elektrisches Lichtbogen-Licht die Augen sechsmal stärker als das Äquivalent von sechzig Millionen *foot-pounds* verbranntem Gas. Dabei entsprechen acht Millionen *foot-pounds* vier Pferdestärken. Kurzum: Wer elektrisch beleuchtet, spart gegenüber der Flamme sehr viel Energie.

In den meisten Flammen leuchten winzige Kohlenstoffparti-kel, die in Holz, Kohle, Öl, Wachs und Gas enthalten sind. Der Vorteil des »heißen« elektrischen Lichtes liegt darin, dass der Glühfaden in der Lampe dank des Vakuums, das ihn umgibt, nicht mehr verbrennt. Damit ist der Wirkungsgrad erhöht, aber die Technik ist verkapselt, unzugänglich, sie ist dumm geworden, was wir unter anderem in der Neigung ihrer Nutzer erkennen, das billige und bequeme Licht, das uns gar nichts mehr sagt, auch dann eingeschaltet zu lassen, wenn sie es nicht brauchen.

Luxusartikel

Der Luxus hat eine steile Karriere gemacht: vom Laster zum Lifestyle. Das lateinische Wort meint ursprünglich »üppiges Wachstum«, was sich in dem botanischen Fachausdruck »luxurierend« erhalten hat. Damit sind genetische Mischformen (Hybride, Bastarde) gemeint, die ihre Eltern an Wuchskraft übertreffen.

SALIGIA ist ein mittelalterliches Akronym für die sieben Hauptlaster des Menschen:

Superbia (Hochmut, Eitelkeit, Übermut)

Avaritia (Geiz, Habgier)

Luxuria (Wollust, Ausschweifung, Genusssucht)

Ira (Zorn, Wut, Rachsucht)

Gula (Völlerei, Gefräßigkeit)

Invidia (Neid, Eifersucht)

Acedia (Faulheit, Ignoranz).

Luxusartikel haben in der Welt von *Homo consumens* vor allem die Aufgabe, einen höheren Rang zu dokumentieren. Wer ein Luxusautomobil fährt, zeigt damit, dass er etwas Besonderes ist. Das haben auch die Fürsten gewünscht, die in Nürnberg einen prunkvollen Panzer bestellten, aber damals war das Prestigeobjekt keine Massenware, sondern Gelegenheit für einen Handwerker und seine Gehilfen, ihr ganzes Können zu zeigen. Seit Luxusartikel Massenware sind, werden Unmengen an Energie und Rohstoffen für eine flüchtige Aufwertung des Selbstgefühls vergeudet.

Psychologische Studien unter dem hochtrabenden Namen Glücksforschung zeigten, dass die Erhöhung des Selbstgefühls durch den Kauf eines Luxusartikels flüchtig ist und bereits nach einigen Tagen abklingt. Umgekehrt hält die Kränkung, wenn das gewohnte Konsumniveau unterschritten werden soll, erheblich länger an. Die Investition in Luxusartikel trifft aber nicht nur den Geldbeutel und vergrößert den ökologischen Fußabdruck der Konsumenten. Sie verzerrt die Wahrnehmung der Wirklichkeit.

Solange Bäche, Flüsse und Seen einfach in der Landschaft liegen und es keine Zäune gibt, ist das Ufergrundstück kein Luxusgut, wie heute in den meisten Ländern Mitteleuropas. Ein Fenster öffnen, Stille genießen, saubere Luft atmen ist Luxus geworden. Die meisten Luxusgüter werden in Großstädten produziert und vermarktet; die Großstadt selbst ist aber ein Beispiel dafür, wie in diesem Rennen nach dem Luxuriösen zum höchsten Luxus wird, was gleichzeitig durch die Produktion der Luxusgüter verschmutzt und verknappt wird.

Wir machen uns selten klar, welcher Luxuswahnsinn selbst den Billigdiscounter füllt, ganz zu schweigen vom Einkaufszentrum: Fünfzig verschiedene Joghurts im Regal, riesige Gänge mit

Waren, die niemand in dieser Fülle braucht, deren Fülle aber andere Laster weckt, Neid und Gier. Tatsächlich, man mag es nicht glauben, kaufen Menschen lieber den fünfzigsten Joghurt und lassen den vierzigsten stehen. Warum nicht mal was Neues, vielleicht ist es doch besser als das Alte?!

Luxusfeinde

Immer wieder sind in der menschlichen Geschichte Gesetze gegen den Luxus erlassen worden. Bußprediger wie Savonarola in Florenz haben gegen ihn gewütet. Der vom Volk verehrte Dominikanermönch ließ 1497 Scharen seiner jugendlichen Anhänger (*fanciulli*, Kinder, genannt, aber ganz und gar nicht zimperlich) durch Florenz ziehen. Sie beschlagnahmten wie Maos Garden während der Kulturrevolution alles, was sie als Symbole des Verfalls der reinen Lehre deuteten: weltliche Bücher und Bilder, Schmuck, Kosmetika, Spiegel, Musikinstrumente, Noten, Spielkarten, bestickte Kleider, furnierte Möbel.

Manche der Besitzer lieferten ihre Kostbarkeiten selbst ab; Sandro Botticelli soll persönlich einige seiner Gemälde auf Savonarolas Scheiterhaufen gelegt haben. Am 7. Februar 1497 und am 17. Februar 1498 wurde der Luxus der Florentiner Bürger, nach dem es heute jedes Museum gelüsten würde, auf riesigen Scheiterhaufen verbrannt.

Am 23. Mai 1498 verbrannte dann Savonarola selbst am gleichen Ort, auf der Piazza della Signoria in Florenz, gefoltert und zu einem Geständnis seiner Häresie erpresst. Der Luxus und der Papst hatten gesiegt.

Bis heute gibt es in einigen Ländern einen erhöhten Mehrwertsteuersatz für Luxusgüter. In Deutschland wird die Sache gegenläufig geregelt: Was weniger luxusanfällig ist, wie medizinische Behandlungen oder Nahrungsmittel, hat einen reduzierten Mehrwertsteuersatz.

Je radikaler die Proteste gegen den Luxus, desto schneller verebben sie, könnte man daraus schließen. Tatsächlich hat sich die *Lex Oppia* viel länger gehalten als Savonarola.

Sie wurde 215 vor Christus in der römischen Republik erlassen. Anlass für das Gesetz war die römische Niederlage gegen Hannibal. Der Konsul Oppius wollte den Luxus der Oberschicht einschränken, um Adel und Volk enger aneinander zu binden. Es durfte keine Frau mehr als eine halbe Unze Gold oder ein buntes Gewand tragen und in Rom oder einer Landstadt oder weniger als eine Meile von dort entfernt mit einem bespannten Wagen fahren, es sei denn anlässlich einer Opferhandlung im Namen des Staates (Livius, *ab urbe condita* 34,1).

Ähnlich gilt bis heute ein im 16. Jahrhundert von dem venezianischen Dogen Gerolamo Priuli erlassenes Gesetz, wonach Gondeln schwarz sein müssen. Vorher waren sie nicht nur farbig, sondern auch mit Reliefs geschmückt, bemalt und ihr Schnitzwerk vergoldet.

Schnelle Mode

In einer Ausstellung im Hamburger »Museum für Kunst und Gewerbe« mit dem Titel *Fast Fashion* geht es um den Preis der Mode: Tote Textilarbeiter unter den Trümmern von Sweatshops, gequälte Tiere, verschmutzte Flüsse in Bangladesh und Abfallberge auf der einen Seite; auf der anderen europäische Käufer, die am Luxus der Mode teilhaben möchten und jedes Jahr 27 Kilo Modeartikel kaufen, die im Durchschnitt 1,7-mal getragen werden und dann in den Müll oder in die Altkleidersammlung wandern (aus dem Katalog von *Fast Fashion*):

Teil der Ausstellung ist das »Labor«. Hier werden unter dem Stichwort *Slow Fashion* Möglichkeiten vorgestellt, wie neue Fasern und Technologien sowie neue Designansätze des *Recyclings*, *Upcyclings* oder *Zero Waste*. Das »Labor« zeigt auf, wie der ethisch vertretbare Kleiderschrank von morgen aussehen könnte, und stellt auch die Frage: Welche Macht hat der Konsument? *Fast Fashion* ist die erste Ausstellung, die sich umfassend, differenziert und kritisch mit dem Kreislaufsystem Bekleidung auseinandersetzt.

Luxusartikel erzeugen eine mentale Umweltverschmutzung. Sie versprechen gesteigertes Selbstgefühl, erzeugen aber vor allem Ängste. Wenn Mode so viel gekauft und so selten liebevoll getragen wird, zeigt das den Selbstbetrug der Konsumenten. Die Erwartung eines guten Gefühls knüpft sich an eine modische Erscheinung. Wer Mode kauft, um sich schön zu fühlen wie das Model, das diese Mode in der Reklame trägt, wird durch seinen Blick in den Spiegel nicht aufgewertet, sondern deprimiert. Statt seine Erwartung infrage zu stellen, verlagert er seine Frustration auf das Ding, wirft es weg und kauft ein neues.

Indem die Konsumgesellschaft modischen Luxus zum Allgemeingut verbilligt, vernebelt sie den Unterschied zwischen dem Notwendigen und dem Überflüssigen. Verräterisch sind Redeformen wie »diesen Luxus können wir uns nicht mehr leisten«, etwa den Luxus von Bürgerrechten angesichts von Terrorgefahren oder den Luxus der Menschlichkeit angesichts von Flüchtlingen. Die Massenhaftigkeit bedeutungsarmer und leicht entbehrlicher Dinge führt dazu, dass angesichts einer Angstreaktion vor dem Zusammenbruch dieses Universums von Luxus für alle Geiz geil wird. Dann verschwindet jede Relation: Um weiter verschwenden zu können, werden Kostbarkeiten über Bord geworfen.

Eine sinnvolle Diskussion über den dummen Luxus der Konsumwelt setzt voraus, nicht nur zwischen notwendigen und überflüssigen Dingen zu unterscheiden, sondern vor allem auch zwischen einer Haltung, die den Geist belebt, gegenüber einer, die ihn träge macht und verblödet. Die ehrwürdige Lehre über die menschlichen Laster erschließt auch einen inneren Zusammenhang von Luxus, Stolz, Neid und Dummheit.

Wer eine Stradivari baut oder auf ihr musiziert, mag ein Luxusgut schaffen, aber seine Haltung schützt ihn vor den verderblichen Folgen. Pelzmänteln im Kleiderschrank oder dem Lamborghini in der Garage kann ich vergleichbare Haltungen nicht entnehmen. Wie gefährlich der vom Luxus der Reichen stimulierte Neid werden kann, zeigt eine speziell auf sie gerichtete Kriminalität. Die im Luxus sichtbar gemachte Differenz und das in ihr liegende Streben nach rücksichtsloser Aufwertung überfordern die Kränkungsverarbeitung der Armen.

Der Luxus in der Konsumgesellschaft wird heute an vielen Orten defensiv. Wer einen teuren Pelzmantel auf offener Straße trägt, riskiert die Spraydose der fanatischen Tierschützerin, auch wenn es ein luxuriöses Imitat ist. Praktisch alle Luxuslimousinen gibt es in gepanzerter Ausführung. Wer seine Wohnung luxuriös ausstatten will, zieht vorher in eine durch hohe Mauern und Stacheldraht geschützte *gated community*. Kinder in teuren Klamotten dürfen nicht auf der Straße spielen. Den Frauen in Brasilien muss kein römischer Konsul mehr verbieten, mehr als eine Unze Gold in der Öffentlichkeit zu tragen. Sie tun es ohnehin nicht mehr.

Möbel

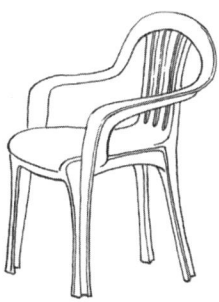

Junge Familien, die im Möbelhaus mithilfe eines Ratenkredits Polstergruppe, Einbauküche, Kleiderschrank und Ehebett erwerben, ahnen nicht, was sie tun. In dem Augenblick, in dem diese Möbel geliefert und aufgestellt werden, sind sie praktisch wertlos. Wenn sie kaputtgehen, lohnt sich die Reparatur nicht; nach fünf Jahren stehen sie für eine Depression, gegen die unsere Lebensgefühl-Möbelkonzerne eine sichere Kur wissen: die Manie der komplett neuen Einrichtung. Das Altmaterial wandert auf den Sperrmüll, in die stählernen Kiefer einer Zerkleinerungsanlage, Müll, der immerhin gut brennt.

Alte Möbel (Händler sprechen gerne von antik) erfüllen ihren Zweck nicht schlechter als neue. Wer sie nicht mehr gerne sieht und gut gepflegt hat, kann sie – oft mit Gewinn – wieder verkaufen. Und sie schärfen den Blick für Qualität, für das Handwerk der Schreiner, Drechsler und Stuhlbauer.

Ein Stuhlbauer

Ende der sechziger Jahre kauften wir bei einem Bahnwärter zwischen Pisa und Florenz, einem bärtigen Mann, der das Handwerk und die Werkzeuge seines Großvaters übernommen hatte, einen Satz Stühle, die bis heute unverwüstlich ihren Dienst tun und mit dem Alter immer schöner werden (mit Ausnahme der aus Binsen geflochtenen Sitze, die in einem Winter von einer Mäuse-Invasion zernagt wurden).

Damals zeigte mir dieser Freizeithandwerker seine Werkstatt. Es war ein penibel sauberer Raum mit Zementboden. Neben einer großen Hobelbank mit einigen einfachen Handwerkzeugen – Beile, ein Handbohrer, Ziehmesser – häuften sich lange Bündel von gelben Binsen. Er sagte uns, dass er gerade dabei sei, Sitze für die Bestuhlung eines *ristorante rustico* zu flechten und wies auf einen hohen Stapel von Stühlen.

In einem Winkel lag ein unbehauener, dicker Baumstumpf. Er sah wie ein Stück aus einer anderen Welt aus, von einem Zeitstrom, der keine anderen Spuren hinterlassen hatte, mitgetragen und hier angeschwemmt. Von ihm aus, noch merkwürdiger, schwang sich ein wohl fünf Meter langer, an seiner Basis etwa armdicker Ast frei in den Raum hinein. Um die Spitze dieses trockenen, aber keineswegs morschen Astes, der noch seine Rinde trug, waren Schnüre gewickelt, als hätte ein Kind mit einer Angelrute gespielt. Ich verstand nicht, was das sollte. Auf meine Frage erklärte der Stuhlmacher nur, er brauche für seine Arbeit keine elektrische Energie, nur die Kraft dieses Holzes, wie die Alten.

Er erklärte mir, dass seine Stühle ohne Leim zusammengefügt sind (*forzate:* zusammengezwungen); sie halten bis heute tadellos.

Inzwischen weiß ich, was ich damals gesehen habe: eine Peitschendrehbank. Der Baumstrunk war das Gewicht, welches den elastischen Ast hielt; die Schnur wurde um den Rohling gewickelt, er wurde eingespannt und mit Pedaltritten zur benötigten Form gedrechselt.

Ein Trick dieser Stuhlmacherei liegt darin, dass dicke Hölzer langsamer austrocknen als dünne. Wenn man dünne Streben drechselt und in Bohrungen dickerer Stuhlbeine einfügt, werden sie durch den natürlichen Schrumpfungsprozess festgehalten. Die dünnen Streben sind bereits getrocknet, die dicken trocknen um sie herum und umschließen sie bombenfest. Holz, das frisch verarbeitet wird und – bereits verarbeitet – austrocknet, ist erheblich widerstandsfähiger; das grüne Holz arbeitet mit dem Handwerker geradeso wie er mit ihm. Es gibt noch andere Tricks; mit *forzato* meinte der Stuhlbauer vielleicht auch, dass er die Verbindungshölzer so gekrümmt hatte, dass sie ständig gegeneinander arbeiteten und sich auf diese Weise festhielten. Bei den englischen Windsor-Stühlen gehörte das zu den Tricks der *chair bodgers*.

Bei den bäuerlichen Nachbarn hier im Mugello sah ich andere Stühle als bei dem Mann in der Nähe von Pisa. Die Stuhlbeine hatten einen rechteckig-geschwungenen Querschnitt, die Streben waren flache Hölzer, alles Edelkastanie.

»Mein Großvater konnte in den Wald gehen, nur mit einem *Pennato*, am Abend kam er mit einem solchen Stuhl zurück!« Der *Pennato* ist eine Mischung aus Haumesser und Beil mit einer geraden und einer geschwungenen Schneide. Ich vermute, dass der *Nonno* auch noch ein Stecheisen und einen Hammer mitnahm, aber mehr Werkzeuge benötigte er für das formschöne, unverwüstliche Sitzmöbel nicht.

Grünholzarbeit

In wenigen Generationen gehen Fertigkeiten verloren, deren Weisheit wir heute, angesichts der Energie- und Rohstoffkrisen, allmählich wiedererkennen. Eine davon ist die Arbeit mit frischem Holz, die früher für das bäuerliche Handwerk und die herumziehenden Stuhlmacher selbstverständlich war. Grünes Holz ist nicht nur schneller zu haben als abgelagertes, es ist auch erheblich leichter zu bearbeiten, weil es mehr Wasser enthält, weicher ist und die Fasern sich besser trennen (daher sollte jeder, der Holz spalten will, es möglichst früh tun).

Seit ich ein wenig in der neuen Literatur über *Green Woodwork*[19] gelesen habe, fand ich eine ganze Reihe von Erinnerungen, die zeigen, dass die dort beschriebenen Künste auch in Bayern und in der Toskana früher zum Repertoire der ländlichen Handwerkskunst gehörten, die mit einfachen Mitteln, ohne Energieverschwendung und teure Rohstoffe, schöne Dinge herstellte. Ich habe herausgefunden, dass auch Fachwerkhäuser, die problemlos Jahrhunderte überdauern, aus frisch gefälltem Holz gebaut wurden.

Die Arbeit mit grünem oder, wie es andere Holzbastler nennen, »wildem« Holz ist ein schönes Beispiel für die Schule der Kreativität, die jedes Stück Wald enthält, wenn wir ihm aufmerksam und mit einigen durchdachten Werkzeugen von hoher Qualität begegnen. In der traditionellen Holzarbeit war es selbstverständlich, natürliche Krümmungen von Bäumen auszunützen; vom Spazierstock bis zur Schiffsrippe. Wer den lebenden Baum noch gesehen hat, der weiß auch bald, wie sich

---

[19] Mike Abbott, Green Woodwork. Working with Wood the Natural Way, Lewes 1989

unterschiedliche Hölzer bearbeiten lassen. Und dann findet er leichter, was er gerade braucht.

Afrikanische Alltagsschnitzkunst ist ein schönes Beispiel für diesen Stil, den manche »opportunistisch« nennen, obwohl er eher elegant und ökonomisch ist. Es geht darum, das fehlende Stück Hausrat – etwa eine Kopfstütze, einen Schemel, eine Ahnenfigur – im Wald zu »sehen«, um es dann mit möglichst wenig zusätzlicher Arbeit in den benötigten Gebrauchsgegenstand zu verwandeln.

Auf einem in Tischhöhe gekappten Baumstumpf im Hauswald ist ein Schraubstock mit zwei kräftigen Holzschrauben befestigt. Er dient als Halt für alle Schnitz- und Bildhauerarbeiten. Daneben stehen Sägebock und Hackstock. Ausgangsmaterial sind frisch gefällte, schenkeldicke Stämme von Kastanie und Ahorn, die es beide in großen Mengen gibt. Ich säge sie passend, spalte sie, behaue sie mit dem *Pennato* (dem krummen Haumesser) und bringe sie mit dem Ziehmesser in die benötigte Form. Feinarbeit erfolgt am Abend vor dem Kamin mit einem scharfen Taschenmesser oder einem Schnitzmesser. Die Produkte sind kleine und große Schalen, Löffel, Salatbestecke, Spatel für Pfannen, Holzleuchter, Werkzeugstiele und Ersatzteile.

In der Zeit, die ich in München brauche, um einen neuen Hammerstiel zu kaufen, habe ich hier selbst einen gemacht. Das Holz der Edelkastanie, das sich willig entlang der Faser spaltet und beim Trocknen wenig schwindet, ist ein ideales Material für solche Bastel-Zimmerei. Es gibt kaum eine befriedigendere Arbeit, als im Juni einen passenden Kastanienstamm[20] auszusuchen,

---

[20] Der toskanische Kastanienwald ist ursprünglich Niederwald, das heißt Stockausschläge, die alle zehn Jahre »geerntet« wurden. Durch den Verfall der bäuer-

der wipfeldürr ist oder anderen, besseren im Wege steht, ihn zu fällen, zu schälen und zu irgendwelchen nützlichen oder schönen Dingen zu verarbeiten. Dieser Duft! Die Rinde lässt sich in großen Bahnen vom nackten Stamm lösen. Man kann sie als Schutz gegen das Unkraut unter die Rosen legen oder Stuhlsitze und Körbe aus ihr flechten.

Grünholzarbeit ist deshalb so lehrreich, weil sie den Schnitzer, Bildhauer, Schreiner oder Zimmermann mit dem lebenden Baum verbindet. Wer selbst in den Wald geht und das Holz für die benötigte Arbeit dort findet, entwickelt eine ganz andere Beziehung zu seinem Material als der Bastler, der mit Spanplatten aus dem Baumarkt arbeitet. Er erhascht einen Zipfel vom alten Handwerk, für das diese Übung noch selbstverständlich war – von den Rechenmachern, Stuhlmachern, Drechslern und Wagnern, den Zimmerleuten und Schreinern, den Bauern, die einen Axtstiel oder ein Gatter brauchten.

Im *Nachsommer* beschreibt Adalbert Stifter die pädagogische Verwertung der Grünholzkunst: Eine Sammlung von Holzklötzen, teils poliert, um die Maserung zu erkennen, teils mit Rinde versehen, teils sägerauh oder mit der Axt behauen, innen hohl, mit einem Pfropfen verschlossen. In der Höhlung dann getrocknete Blätter, Blüten und Früchte des Baums, von dem das Holz genommen wurde.

In England und Amerika gibt es inzwischen viele Kurse in dieser fast vergessenen Kunst.[21] Teilnehmer lernen wieder, mit-

---

lichen Kultur und die Industrialisierung der Landwirtschaft sind die hölzernen Rebpfosten durch Zementpfosten ersetzt worden. So wird der Niederwald nicht mehr genutzt; er überaltert. In diesem Zustand befindet er sich jetzt.

[21] In Deutschland leistet hier die Firma Dick in Metten Pionierarbeit.

hilfe einfacher Werkzeuge die alten *Windsor-Stühle* herzustellen, die bis ins vergangene Jahrhundert von reisenden Handwerkern gefertigt wurden. Diese kauften einem Bauern das Holzrecht für ein Stück Buchenniederwald ab. Das Land behielt der Eigentümer, die Wurzelstöcke blieben im Boden und trieben wieder aus. Die *Chair Bodgers* bauten ihre Drechselbänke und verwandelten die schenkeldicken Stämme in Stühle, die heute gesuchte Antiquitäten sind.

Löffel schnitzen

Wer Möbel kauft, sollte sich vor allem eine Frage stellen: Kann ich sie reparieren, wenn sie kaputtgehen? Das gibt alten Möbeln einen gesunden Vorsprung vor neuen aus dem Zeitalter gepresster Spanplatten, deren Fluch ich einmal bei einer Freundin beobachtet habe. Ihr Vater versuchte ebenso mühsam wie vergeblich, die ausgeleierten Schrauben eines Scharniers wieder in einer solchen Platte zu verankern, indem er Zündhölzer in das krümelige Bohrloch klebte.

Seit vielen Jahren kaufe ich, wenn ich in der Türkei bin, von einem der Händler am Bosporus hölzerne Löffel. Rustikale Löffel, würde *Landlust* schreiben. Zunächst fiel es mir schwer, das Holz zu bestimmen. Die Händler wussten es nicht – das machen irgendwelche Bauern, sagten sie. Inzwischen weiß ich, dass der von mir bei Weitem bevorzugte Typ aus Wacholder geschnitzt ist. Diese Löffel sind Handarbeit, jeder sieht anders aus, es gibt sie von Teelöffel- bis Kochlöffelgröße um Pfennigbeträge. Sie sind auf ihre Art perfekt, die Höhlung, der Schwung des Stiels, die Kante sind fein ausgearbeitet, sie halten viele Jahre.

Um den großen Basar in Istanbul, wo ein Laden neben dem anderen steht, mischen sich die Welten; Industrieware steht neben der bäuerlichen Heimarbeit und dem klassischen Handwerk. Dort gibt es neben handgeschnitzten Wacholderlöffeln auch industriell produzierte aus Buche, die eintönig geformt sind und schon wissen, dass die moderne Hausfrau den Holzlöffel nicht mehr in den Mund, sondern nur noch in den Topf steckt.

Ich habe eine besondere Beziehung zu diesen ältesten Werkzeugen der Tischkultur gewonnen, seit ich versuchte, sie nachzuschnitzen. Wer das einmal tat, gewinnt unendlichen Respekt vor dem bäuerlichen Handwerk. Rustikal ist ja auch ein Gegensatz zu »zünftig«, es ist nicht von Berufshandwerkern gemacht, sondern von Universalisten, die man eben nicht Laien oder Amateure nennen sollte, denn was sie tun, ist alles andere als laienhaft.

Obwohl ich inzwischen ein leidlicher Löffelschnitzer bin, übertreffen mich die türkischen Bauern bei Weitem. Ich werde einmal versuchen, einem von ihnen bei der Arbeit zuzusehen. Hilfreich waren die Anschaffung eines guten Hohleisens und eines Schraubstocks, um einen sicheren Halt zu haben. Seither kann ich die Rundung etwas besser treffen, die mit einem geraden Messer oder aus freier Hand nicht zu bewältigen ist. Verglichen mit den Blechlöffeln, die man überall um Pfennige kaufen kann, ist so ein Holzlöffel ein kluges Ding, das einiges von dem verlangt, der ihn sich verschaffen will.

Plastik

Das Wort hat verschiedene Bedeutungen:

1. Ein dreidimensionales Kunstwerk, zum Beispiel eine Statue, ein Relief. Dabei wird oft nicht einmal zwischen Skulptur und Plastik im engeren Sinn unterschieden. Eine »Grabplastik« kann ebenso ein Bronzeguss nach einem Gipsmodell wie eine Skulptur sein, die mit Hammer und Meißel aus einem Steinblock herausgearbeitet wurde.

2. Plastik im Gegensatz zu Skulptur: Dreidimensionale Arbeiten, bei denen mit weichem, klebrigem Material (wie Gips, Wachs, Ton, Mörtel, Papierbrei) gearbeitet wird. In der Plastik kann man durch Wegnehmen wie durch Hinzufügen arbeiten. Um das Kunstwerk haltbar zu machen, wird entweder das weiche Mate-

rial gehärtet (zum Beispiel Ton durch Brennen, Mörtel und Papierbrei durch Trocknen) oder das Modell ins Dauerhafte übersetzt, zum Beispiel durch Metallguss.

3. »Kunststoff«, heißt eines der zahlreichen Materialien, die in den letzten beiden Jahrhunderten entwickelt wurden. Sie können in der Regel unter dem Einfluss von Hitze verformt werden, behalten dann aber über einem weiten Bereich von kalten, normalen bis relativ hohen Temperaturen ihre Gestalt, widerstehen Wasser und Fäulnis, die Materialien wie Holz oder Ziegel auflösen.

Plastik ist vielleicht das wichtigste Material unter den dummen Dingen. Es ist das typische Industriematerial, das häufig seine Herkunft verschleiert und nicht nur für Verkleidungen gebraucht wird, sondern seinem Wesen nach Verkleidung ist. Geboren ist Plastik aus dem Wunsch nach Massenware und Imitation.

Zu den ältesten Plastikmaterialien gehören die im 19. Jahrhundert entwickelten »Bernsteinperlen« aus gelbem Kunstharz, mit denen die Nomaden der Wüste von den Industriestaaten hereingelegt wurden; ungefähr gleichzeitig überschwemmten Korallenperlen aus rotem Zelluloid den afrikanischen und europäischen Markt. Heute imitiert Plastik alles. Nur noch ausgewählte, besonders teure Geräte haben noch Gehäuse aus Metall. Um sie nachzuahmen, sind viele Plastikteile »metallisiert«.

Plastik ist ein gutes Beispiel dafür, wie voreilig der Spruch ist, eine technische Erfindung sei neutral, es komme doch darauf an, was der Mensch daraus macht. Plastik *verführt* zu billigem Ersatz. Wer Gewinn aus der menschlichen Verführbarkeit für billige und bequeme Lösungen ziehen möchte und keine Bedenken hat, die Schäden den nächsten Generationen aufzuladen, hat in Plastik sein Meistermaterial gefunden.

Plastik verführt zu undurchschaubaren Konstruktionen, zu Ex-und-Hopp-Mentalität. Ein zerbrochener Stuhl aus Holz lässt sich leicht reparieren. Man kann ihn zu Kleinholz verarbeiten und damit den Ofen anschüren, und wenn ich ihn im Wald stehen lasse, verrottet er in ein paar Jahren.

Ein zerbrochenes Exemplar der Monobloc-Gartenstühle, die sich in den letzten Jahren wie die Algenpest im Mittelmeerraum ausgebreitet haben, lässt sich vielleicht in einer Fabrik recyceln. Aber oft liegt er unverwüstlich auf einer wilden Müllkippe. Wer Plastik verbrennt, weiß selten, was er damit der Atemluft antut. Plastikflaschen benötigen 450 Jahre zur Zersetzung; die Nylon-netze der Fischer sind noch widerstandsfähiger, sie treiben 600 Jahre im Meer.

Jedes Jahr reißen sich geschätzte 25 000 los, immer noch mörderisch für Fische und Vögel. Albatrosse fressen Plastikmüll und verhungern, weil sie sich satt fühlen. Der Meeresmüll-Forscher Charles Curtis Ebbesmeyer fand in einem toten Albatrosküken rund 100 Plastikteile, mit denen es von seinen Eltern gefüttert worden war.[22] Im Nordpazifik treiben auf einer riesigen Fläche 100 Millionen Tonnen Plastikteile, Tendenz steigend.

Die Kunst des Wegnehmens

Plastik ist insofern eines der dümmsten Materialien, weil es geeignet ist, perfekt alle Spuren zu verwischen, aus denen wir sonst etwas über Geschichte und Machart eines Dings erfahren. Wer ein Plastikteil entwirft, bewegt sich in reiner Abstraktion; die

---

[22] National Geographic, 10/2005

Fähigkeiten einer Spritzgussmaschine ersetzen seinen Kontakt mit dem Material.

Die Menschheit hat schon sehr lange einen Weg beschritten, über den sich Michelangelo und später Sigmund Freud empörten: Sie bevorzugt die Kunst des Hinzufügens und entwertet die Kunst des Wegnehmens. Die alten Bautechniken gingen davon aus, Holz oder Steine möglichst elegant nur so weit zu bearbeiten und zusammenzufügen, wie es dem Zweck diente.

Die ältesten Steinmauern Griechenlands oder Südamerikas sind polygonal. Jeder Stein wurde individuell zu jedem anderen gefügt. Das ästhetische Bild war bezaubernd; keine spätere Steinmauer kommt diesen Frühwerken gleich, von denen schon bald die Sage ging, sie seien nicht von Menschen, sondern von Halbgöttern (den Kyklopen in Griechenland) gemacht. Rechteckig behauene Steine sind ein erster Beleg für den Ungeist der Sklaverei: Solche Steine können wie am Fließband von wenig ausgebildeten Arbeitern gefertigt werden, sie passen überall hin, sie haben keine Individualität und führen dazu, dass die komplexen Fähigkeiten des räumlichen Sehens und der damit verknüpften Fertigkeiten der Steinmeister verkümmern.

Die Griechen vertrauten auf ihre Steinmetzkunst. Sie verzichteten oft auf Mörtel; nur Bronzeklammern, mit Blei eingegossen, hielten empfindliche Stellen ihrer Bauten zusammen. Mit den Römern gewann ein Element an Macht, das die Plastikmaterialien auf die Spitze treiben. Die Architektur wird von beliebig verformbaren Stoffen geprägt; Naturstein vom konstruktiven zum dekorativen Element degradiert. Ziegelbauten werden mit Mörtel verschmiert und mit Steinplatten verkleidet. Im Norden lässt sich der Siegeszug des Ziegelhauses über Blockhaus und Fachwerkbau ähnlich deuten.

Im klassischen Fachwerk dominiert das sorgfältig bearbeitete und verzapfte Holz, das über den Steinfundamenten auf Ständern die Dachkonstruktion trägt. Wände – das Wort kommt von den gewundenen, geflochtenen Weidenzweigen, welche in den Gefachen die Lehmfüllungen stabilisierten – sind sekundär, sie wurden nachträglich eingefügt, die Kunst des Wegnehmens hatte den Vorrang vor Putz und Mörtel.

Ich bin überzeugt, dass die Kunst des Wegnehmens einen höheren Rang hat als die Kunst des Hinzufügens. Sie kräftigt nicht nur unsere Hände, sondern auch unseren Geist. Sie fordert von uns, uns vorzustellen, dass ein Ziel erreichbar ist, indem mit ganz einfachen Mitteln, mit Ausdauer, Intelligenz und Folgerichtigkeit alle Hindernisse aus dem Weg geräumt werden.

Wenn du eine Statue machen willst, nimm ein geeignetes Stück Stein oder Holz und meißle alles weg, was nicht diese Statue ist. Schließlich hast du sie gewonnen; sie ist fast zwangsläufig ein Ausdruck deiner Person, ein Einzelstück. Nebenbei hast du auch gelernt, dass ein wesentlicher Teil der Kunst darin liegt, rechtzeitig aufzuhören. Wer seinen Eifer nicht zügeln kann, gewinnt nicht die von ihm gesuchte Gestalt, sondern zerstört etwas schon Erreichtes. Auf dem Weg des Wegnehmens gibt es eine Grenze, die nicht überschritten werden kann, ohne etwas nicht wieder Gutzumachendes zu bewirken. Diese Situation ist derart lebensnah und lehrreich, dass wir eigentlich jedem Menschen, den wir schätzen, – vor allem unseren Kindern – so oft wie möglich und in allen erdenklichen Variationen zeigen müssten, wie sie beschaffen ist.

Die Kunst des Hinzufügens hingegen verwöhnt und verdummt. Fehler können überkleistert werden, die reine Addition führt zu einem eindrucksvollen Machtgewinn. Sie erzieht uns dazu, Fehler nicht ernst zu nehmen und Ansprüche zu entwickeln, dass Mängel übertüncht werden. In der Plastikwelt wird diese Beliebigkeit Prinzip.

Plastiktüten

Stille Hochebenen auf Zypern oder in Mexiko sind von zerfetzten Plastiktüten gesprenkelt. Je ärmer das Land, desto mehr Tüten treibt der Wind über Äcker und Ödnis. Ich habe während der ausgehenden Hippie-Epoche einen Mann gekannt, der wasserdichte, schöne Jacken aus Plastiktüten nähte. Auf einer blauen Plastiktüte, in die ein Händler auf dem Markt von Borgo San Lorenzo meine Einkäufe packte, steht folgender Text:

> *»Sono il tuo shopper di plastica.*
> *Porto le tue spese.*
> *Accompagno i tuoi rifiuti.*
> *AMAMI!*
> *Non abbandonarmi dove capita.*
> *Sono nelle tue mani!«*

Zu deutsch: *»Ich bin dein Shopper aus Plastik.*
> *Ich trage deine Einkäufe.*
> *Ich begleite deine Abfälle.*
> *LIEBE MICH!*
> *Lass mich nicht im Stich, wo es dir passt.*
> *Ich bin in deinen Händen!«*

Es geht noch weiter mit den Erklärungen:
Mich zu benützen, vermeidet den Verbrauch von Stoffen, die nützlicher und wertvoller sind, wenn man sie der Natur belässt.

Ich bin leicht, wirtschaftlich, brauche wenig Platz und bin auch stark und widerstandsfähig. Du kannst mich viele Male benutzen. Ich bin hygienisch, vertrage mich gut mit Nahrungsmitteln und beschütze sie liebevoll. Ich verschmutze nichts und entwickle keine giftigen Stoffe oder Gase, auch wenn ich verbrannt werde. Ich bin 100 Prozent recycelbar.

Nach einer Jemen-Reise muss ich dem Plastiktüten-Lemma noch hinzufügen, dass dort das von 80 Prozent der Jemeniten benutzte Rauschmittel Kath in Plastiktüten vermarktet wird.

»Steht der Wüstenstrauch in Blüten?

Nein, es sind Fetzen blauer Tüten!«

Im Jemen ist die Plastiktüte Geldbörse, Brieftasche, Tresor. Sie baumelt im Jeep am Schaltknüppel und schützt die Musikkassetten vor dem Staub, sie hängt am Griff des traditionellen Krummdolches und birgt die Ausweispapiere, schwarzverschleierte Damen wickeln kurz vor dem Einkauf ihr Geld aus einer braunen Plastiktüte. In den Läden des Basars liegen die Händler wie Drachen auf großen Haufen kunstvoll ineinander verschachtelter und miteinander verknüpfter Plastiktüten.

Rasenmäher

Am schlimmsten sind die Rasenmäher mit Benzinmotor in handtuchgroßen Vorgärten. Wenn die Maisonne lacht, muss man in keiner Reihenhaussiedlung lange warten: In der Zeit, in der Lärm erlaubt ist, knattern die Motoren, um stinkend eine Arbeit zu erledigen, die ein mechanischer Spindelmäher ebenso gut leistet. Da die Spindel durch die regenerativen Muskel-Energien des tätigen Gärtners in Betrieb gesetzt wird, erübrigt sich die komplizierte und schmutzige Wartung eines Benzinmotors. »Im Herbst ist er noch gelaufen«, sagt der hilflose Besitzer, ehe er seinen Rasenmäher in das Auto wuchtet und damit in eine Werkstatt fährt. »Was, schon fünf Jahre alt? Da gibt es keine Ersatzteile mehr, kaufen Sie lieber einen neuen!«

Die Sense

Noch klüger, aber nicht so ordentlich wie der Spindelmäher ist die Sense. Sie bringt dem Mäher wirklich etwas bei, über seinen Körper wie über die Wiese, die er pflegt.

Unser Nachbar, ein kluger und zynischer Bauer (der Zynismus mag damit zusammenhängen, dass er Krieg und Gefangenschaft in Sibirien überlebt hatte), schüttelte den Kopf, als er hörte wir seien von München und würden das Haus bei Hilpoltstein in Mittelfranken nur am Wochenende nutzen. Dann lachte er und sagte, wir sollten den Obstgarten mit seinen vielleicht zwanzig Bäumen zubetonieren und grün anstreichen.

Wir waren damals noch zuversichtlich, dass wir einen Nachbarn finden würden, der dankbar sei, wenn wir ihm anböten, das Gras unter den Bäumen zu verfüttern. Der Alte glaubte das nicht. »Die Jungen können nicht mehr mit der Sense mähen«, sagte er. »Und die Alten, wie ich, die mögen nicht mehr. Ich bin schon in Rente. Bisher hat es die Nachbarin oben gemacht, aber ich glaube nicht, dass die noch will, die haben letztes Jahr die Kühe abgeschafft.«

Wir fragten die Nachbarin von oben. Sie sagte nicht eindeutig Nein, aber ganz bestimmt auch nicht Ja. Wenn man mit dem Schlepper hineinfahren könne, dann sei das eine andere Sache. Sie werde es nächstes Jahr entscheiden, wenn sie den Winter überlebe, man wisse ja nicht. Im Frühling war klar: Sie würde nicht kommen.

So verbrachte ich in den nächsten Jahren einige Zeit damit, Gras mit der Sense zu mähen und es mit dem Rechen unter die Bäume zu schaffen, wo es faulen und die Wurzeln düngen sollte. Über diese primitive Methode hatte ich nirgends etwas gelesen, aber sie lag nahe, ich hatte keinen anderen Dünger, wollte keinen kaufen – das Obst reichte auch in den obstarmen Jahren für unseren Haushalt – und musste das gemähte Gras entsorgen.

Das Mähen mit der Sense ist eine meditative Beschäftigung, wenn das Gras gut steht und noch nicht zu hart ist, etwa im Mai und im Juni. Schritt für Schritt schreitet der Mäher durch die taufeuchte Wiese, legt in gemäßigtem Schwung einen Bogen Halme nach dem anderen um, beobachtet die fliehenden Frösche und die tanzenden Schmetterlinge, die Blütenpflanzen, die unterschiedlichen Formen der Gräser und der Blattpflanzen – Sauerampfer, Hahnenfuß, Löwenzahn, Glockenblume, krauser Ampfer, Frauenmantel. Er denkt an die alten Flächenbezeichnungen »Morgen« und »Tagwerk«. Demnach zwang ein geübter Mäher dreitausend Quadratmeter an einem halben Tag. Der Obstgarten hat ungefähr diese Fläche. Aber ich wurde nie an einem Tag fertig. Ich nahm mir heute dieses Stück, morgen jenes vor, denn ich wollte nicht verbissen arbeiten, sondern nur so lange mähen, wie die Sache Freude machte.

Besser kontrollierbar ist die Arbeit mit der Sichel. Sie ist ein ehrwürdiges Ding und würde für einen kleinen Vorgarten völlig genügen. Ein grundlegendes Merkmal von Sicheln, das schon Plinius beschreibt, ist der Unterschied zwischen Zug- und Hausicheln. Die ersten tragen feine Zähne, deren Spitzen zum Griff weisen. Sie sind schmal und leicht, die Arbeiterin erfasst mit einer Hand die Halme und zieht mit der anderen die Sichel auf sich zu. So lässt sich der Schnitt gut kontrollieren und das abgeerntete Bündel zum Transport bereitlegen.

Schneller, aber auch unordentlicher arbeiten die Hausicheln, aus denen sich die Sense entwickelt hat. Sie nutzen den Schwung, und Schwung kann, wie jeder erfährt, der mit Hammer und Sichel arbeitet, geradeso gut danebengehen, wie die Wirkung steigern. Hausicheln sind breiter, sie tragen keine Zähne und werden, ebenso wie die Sense, gewetzt und gedengelt.

Die Sense erlaubt es, den Schwung noch besser zu nutzen und auf die gebeugte Haltung zu verzichten, die eine Sichel immer dann erzwingt, wenn man Halme dicht am Boden ernten will. Ich habe die Kultur der Sense noch persönlich erlebt: Auf dem Bauernhof meines Großvaters wurde in den 1950er-Jahren noch mit der Sense gemäht. Dann zogen wir in die Stadt, die Großeltern starben, die kostbaren Sensen wurden weggeworfen, der Hof verkauft. Viele Bauern wollen oder können heute nicht mehr mit der Sense mähen; sie schieben den Benzinrasenmäher durch ihren Garten, weil der Kreiselmäher am Schlepper zu groß ist.

Als ich mir eine neue Sense kaufte, verzweifelte ich mit dem ungeschickten Ding, das immer in den Boden fuhr und die Grashalme eher umknickte als abschnitt – wirklich gut mähen ließen sich nur die jungen Brennnesseln und andere Schattenkräuter. Der Nachbar zeigte mir, wie man die Sense richtig einstellt. Er riet mir dringend, den Metallsensenbaum durch einen hölzernen zu ersetzen. Schließlich fand ich in einem Winkel der Scheune eine uralte, dünn gewetzte Sense, die durch das Gras fuhr wie der Blitz. Sie war viel kleiner und leichter als die Ware aus dem Baumarkt.

Wer sich mit schlechten Werkzeugen plagt, verwechselt die Mühe durch ihre Unhandlichkeit mit der Mühe, die das Mähen mit einer guten Sense macht. Sie ist größer als die Mühe, mit einem Balkenmäher durch das hohe Gras zu ziehen, aber sie ist ungleich intelligenter und reizvoller. Wer mit der Hilfe eines Motors mäht, verliert den Kontakt zur Wiese; er hängt an einem ratternden, stinkenden, gefährlichen Ding, entweder durch Ohrenschützer isoliert oder durch ihren Mangel betäubt, er muss sich in allem, was er tut, an der Maschine orientieren und kann nur hoffen, bald fertig zu sein.

Schneller geht es in der Tat. Das liegt weniger an der absoluten Geschwindigkeit, – auch eine gute Sense schafft einiges weg – als an der durch den Motor möglichen Ausdauer. Die Maschine muss nur gelenkt werden, das ermüdet wenig, die Pausen werden von ihr diktiert – nachtanken, den Luftfilter, den Mähbalken säubern.

Beim Mähen mit der Sense stellt sich ein Rhythmus von Arbeit und Ruhe her, der ohne Anstrengung sein kann, wenn der Mäher Zeit hat und ihn niemand hetzt. Der Fluch der Landarbeit ist der Zwang, über die körperliche Unlust hinaus zu arbeiten, die Schmerzgrenze, die uns vor dem Verschleiß des Bewegungsapparates warnt, nicht zu respektieren. Wer so arbeiten muss, für den ist die Maschine Erlösung.

Wer aber Muße hat, kann viel Freude darin finden, mit der Sense zu mähen. Mit ihr lernt er das Zusammenspiel von Schwung und Erfolg immer besser. Er erfährt, wie weit er ausholen, wie tief er mit der Spitze in das stehende Gras eindringen muss oder darf, um mit möglichst wenig Mühe voranzukommen. Wenn er Atem schöpfen will, holt er den Wetzstein aus dem Kumpf und streicht die Sense damit, dass sie klingt.

Vor der Getreideernte hat mein Großvater immer gedengelt. Rittlings saß er über dem kleinen Amboss auf einem Holzbock aus einer geschälten Pappel, spuckte immer wieder auf die Sense und klopfte die so befeuchtete Schneide mit dem Dengelhammer flach. Wenn der Wetzstein im Kumpf trocken war, half er sich mit seinem Urin und nahm gleichmütig hin, dass die Großmutter ihn eine Sau schalt.

Hammer und Sichel zeigen ihre enge Verbindung beim Dengeln. Jetzt schlägt der Hammer auf die Schneide der Sichel, gleicht Scharten aus, schafft dem Wetzstein Raum. Lange Zeit wird eine neue Sense mit jedem Dengeln besser, gewinnt an Schärfe, an Leichtigkeit. Irgendwann – ich glaube nicht, dass ich es erleben werde mit dem bisschen Gras, das ich mähen muss – ist sie so abgenützt, dass sie nicht mehr gedengelt werden kann, wenn sie nicht schon vorher gebrochen ist, weil sie zu viel Substanz verloren hat. Die kieselsäurehaltigen, harten Getreidehalme setzen ihr viel größeren Widerstand entgegen als die weichen Kräuter und Gräser einer Wiese.

Die Sense mäht nasses Gras geradeso gern, ja lieber als trockenes, in unserem Klima ein schätzbarer Vorteil. Sie braucht wenig Pflege, während der Motormäher jährlich gewartet und alle paar Jahre repariert werden muss. Sie ist lautlos, was die Nachbarn freut, und schneidet spannenhohes Gras so gut wie hüfthohes, was kein Rasenmäher kann. Sie verbindet Wiesenpflege mit Gymnastik und lehrt uns ebenso viel über Bewegungsabläufe wie Feldenkrais-Übungen.

Reißverschluss

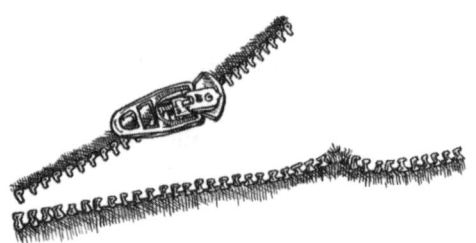

Lange Zeit wurden Kleidungsstücke durch Fellstreifen, Schnüre, Lederbänder und vor allem Fibeln oder Knöpfe zusammengehalten. Mit dem Reißverschluss hat sich die Industriegesellschaft hier eingemischt. Sie hat vieles hässlicher und dümmer gelöst als bisher, aber eben auch schneller und billiger. Verglichen mit Knöpfen und (Schuh-)Bändern ist der Reißverschluss die schlechtere Lösung, nicht nur aus ästhetischen Gründen, sondern vor allem auch deshalb, weil er empfindlich auf Schmutz reagiert und jederzeit seine Dienste einstellen kann, was dann von Zip und Zap zu hilfloser Fummelei und peinlichem Klaffen führt.

Ich würde abraten, mit einer einzigen, reißverschlossenen Jeans eine Reise anzutreten. Wo Knöpfe die Hose halten, lässt sich ein Mangel rasch beheben und fällt oft nicht einmal auf. Ein kaputter Reißverschluss hingegen erfordert professionelles Vorgehen – oder Wegwerfen.

Viel zu versprechen und sich im Störungsfall komplett zu verweigern sind typische Charakteristika eines dummen Dings. Der Reißverschluss beruht auf Metall- oder Plastikzähnen (heute auch oft elastischen Plastikspiralen), die durch einen Schieber ineinander gehakt oder gelöst werden. Während Knöpfe und Bänder weiche Lösungen anbieten, hat der Reißverschluss Zähne, die empfindlich ins Fleisch schneiden können. Männer sind hier mehr in Gefahr als Frauen.

Viel öfter noch beißt sich der Reißverschluss an Stoffen fest. Die bequeme Bedienung verführt zur Achtlosigkeit, wenn sich aber Schieber und Zähne erst einmal verhakt haben, ist das Problem längst nicht mehr so harmlos wie der Knopf im falschen Knopfloch. Jetzt lässt sich einwenden, dass genau solche Quälereien die Intelligenz des Nutzers herausfordern. Ich kann dem nicht widersprechen, bleibe aber dabei, dass es attraktivere Übungsmöglichkeiten für Handgeschick gibt als den Umgang mit defekten Reißverschlüssen.

Ruhezustand

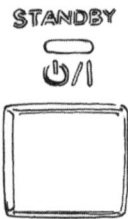

Dinge im Stand-by-Modus sind eine der vielen dummen Komfortfolgen. Sie verbrauchen »viel weniger« Strom als im Wachzustand. Aber viel weniger ist mehr als gar nichts. Die Nutzer gewöhnen sich an sinnlose Verschwendung für ein bisschen mehr Bequemlichkeit. Wer solche Konstruktionen zulässt, schlägt einen Weg ein, der bei Smartphones und Tablets der Gegenwart zur Landplage wird. Während die durch ein Kabel mit der Stromquelle verbundenen Geräte durch entschlossenes Ziehen des Steckers wirklich ausgeschaltet werden können, wissen wir bei den Smartphones mit fest eingeschweißtem Akku nicht einmal mehr, ob sie wirklich untätig sind, wenn wir sie ausgeschaltet haben. Es gibt Misstrauische, die vermuten, dass auch dann noch irgendwelche elektronischen Spione hören und speichern, was ihnen nicht erlaubt ist. Solche Eingriffe in die Interessen der Verbraucher müssten sofort verboten werden.

Der Ruhezustand wurde eingeführt, um die ➤ Fernsteuerung und mit ihr das Zapping zu ermöglichen.

Säge

Die Axt ist so alt wie der Hammer. Sie hat sich als spezialisiertes Werkzeug irgendwann von ihm getrennt. Ähnlich körperlichen Atavismen (wie den männlichen Brustwarzen) haben fast alle Äxte als Zeichen dieser Abstammung den Hammer behalten. Sie tragen ihn sozusagen auf dem Rücken, hinter der Öse. Es gab in der Bronzezeit eine andere Axtform, die Lappenaxt, welche in einen nahezu rechtwinklig gebogenen, aus einer Astgabel gewonnenen Schaft gesteckt und festgebunden wurde. In Afrika gibt es Äxte, bei denen eine hinten spitz ausgeschmiedete Schneide in einen Wurzelknorren geschlagen ist, sodass jeder Axthieb die Schneide tiefer in das Holz drückt.

Die einzige Form der reinen Axt bieten gegenwärtig die Doppeläxte. Sie gelten als besonders gefährliches Werkzeug. Weil sie in der minoischen Kunst eine große Rolle spielen und diese – historisch ist das nicht geklärt – als matriarchal gilt, wurde die Doppelaxt eine Weile von den Feministinnen als Symbol weiblicher Macht zitiert: Sie zeige zweimal die Mondform. Mich überzeugt das nicht; auch die schwedische Liga der Axtwerfer benutzt Doppeläxte, und ich glaube nicht, dass Frauen dort viel Einfluss haben.

Der Vorzug einer Doppelaxt liegt darin, dass man eine zweite Schneide hat, wenn die erste durch das charakteristische Risiko der Axtarbeit – den Fehlschlag – schartig geworden ist. Das Verletzungsrisiko, welches immer wieder für das Verschwinden der Doppelaxt verantwortlich gemacht wird, scheint weniger triftig. Auch ein Schlag mit der Hammerseite einer Axt auf Fleisch oder Knochen richtet viel Schaden an. Viel wahrscheinlicher ist, dass der Doppelaxt wie den meisten anderen Differenzierungen der Axt eine alte Rivalin den Garaus gemacht hat: die Säge.

Was heute an Axt und Beil in einem durchschnittlich sortierten Werkzeugladen angeboten wird, ist der dumme gemeinsame Nenner, auf den die Allmacht der Säge in der holzverarbeitenden Industrie und im Handwerk die einstige Vielfalt geschmiedeter Äxte gebracht hat. Die Axt soll alles können, was heißt, dass sie gar nichts richtig kann. Mit einer solchen Axt habe ich meine ersten kläglichen Erfahrungen in der toskanischen Wildnis gemacht. Sie taugte nur zum Brennholzspalten (aber das mussten nette Klötze mit geradem Faserverlauf sein) und als schwerer Hammer; zum Fällen von Bäumen war ihr Stiel zu kurz und die Schneide zu steil; zum Roden von Sträuchern war sie zu schwer.

Obwohl ich auch damals schon einiges vom Zauber der Axt wusste, standen diese Kenntnisse zusammenhanglos neben meiner kläglichen Praxis, ich war arm und beging den Fehler vieler Armer: Ich kaufte billiges Werkzeug, das die Handarbeit erschwert und zur freudlosen Plage macht. Die noch freudlosere

Plage der »arbeitssparenden« Heimwerkermaschinen ersparte mir der Mangel an Strom im Toskanahaus.

Mein Axtwissen kam aus den Jugendbüchern von Ernest Thompson Seton, dem gutes Werkzeug noch so selbstverständlich ist, dass er es nicht eigens erwähnt. Die Axt, mit der in *Jan und Sam im Walde* ein schenkeldicker Baum binnen weniger Minuten gefällt wird, war eine andere Axt als mein Universalwerkzeug. Sie war langstielig, scharf, biss mit Schwungkraft ins Holz – und wurde von einem Jungen geführt, der mit jedem Schlag genau dorthin traf, wohin er treffen wollte, was mir nur bei jedem zweiten Schlag gelingt.

Fachleute nennen die Axt das Werkzeug zur Holzbearbeitung schlechthin, denn sie erreicht – kunstgerecht eingesetzt – in vielen Situationen mit dem geringsten Aufwand die meiste Wirkung. Mit einer guten Axt kann man dünne Bäume ebenso rasch fällen wie mit der Kettensäge, man kann sie entasten, zu Balken behauen. Weil ich mit meiner ersten Axt keinen Baum fällen konnte, kaufte ich eine Bügelsäge mit fertig geschärftem und gehärtetem Blatt; dazu einen *Pennato*. So heißt das krumme Haumesser in der Toskana, das alle Funktionen der Machete in Südamerika hat.

Mit dem *Pennato* wurde ich allmählich geschickter. Heute kann ich mit ihm in wenigen Minuten genügend trockenes Holz für ein Kaminfeuer kleinhauen. Ich arbeite von unten, dicht am Stamm der vertrockneten Stockausschläge, die dafür am besten geeignet sind, schlage erst die dünnen Zweige ab, dann die Äste und zerkleinere schließlich den armdicken Stamm.

Mir sind die notwendigen Bewegungen längst selbstverständlich, aber ich habe bei Besuchern gesehen, dass es Zeit braucht, mit einem geschwungenen Werkzeug umzugehen – anders als mit dem geführten, mit der Säge. Wo der toskanische Bauer mit einem Schlag auskommt und ich vielleicht zwei brauche, hängt nach zwanzig Schlägen ein zerfledderter Ast immer noch am Stamm.

Wenig Wunder, dass viele Gäste die Säge vorziehen. Mit der Säge lässt sich arbeiten, wie es der Zweck gebietet: Stumpfsinnig, aber kontrolliert, ermüdend, aber ohne Fehlschlag.

Das Wort »fehlschlagen« kommt aus einer Zeit, in der die Arbeit mit Hammer und Axt noch selbstverständlich war. Es signalisiert, dass wir es mit einem klugen Ding zu tun haben. Werkzeuge, mit denen es keinen Fehlschlag gibt, die narrensicher funktionieren, rauben uns das Geschick. Werkzeuge, die niemals gut funktionieren können, die dem Benutzer jeden Lernprozess rauben, weil sie ihn zur Verzweiflung bringen, schlechte Werkzeuge also in den komplett bestückten und spottbilligen Holzkästen für Kinder und »Heimwerker« arbeiten den idiotensicheren, idiotenschaffenden (Motor-)Werkzeugen zu.

»Alles handbehauene Balken«, sagt der Makler, um für die Authentizität eines alten Bauernhauses zu werben. Gesägte Balken sind langweilig. Sie halten auch schlechter, weil das Holz oft nicht richtig gelagert wurde[23] und der Zimmermann, der den Balken behaut, diesem viel näher kommt als sein Kollege, der mit fertig gesägtem Material arbeitet.

---

[23] Neue Forschungen über historische Fachwerkhäuser haben ergeben, dass diese durchweg aus frisch geschlagenem Holz gebaut wurden. Die Zimmerleute nutzten die »greenwood wisdom« (vgl. S. 86), wonach das frische Holz leichter zu bearbeiten ist. Die immer wieder erzählte Geschichte vom »früher richtig abgelagerten Holz, das es heute nicht mehr gibt«, ist ein Märchen, mit dem Ungeschicklichkeiten der Holzverarbeitung und verlorene Fähigkeiten gerechtfertigt werden, das Verhalten dieses lebenden Materials einzuschätzen und vorherzusagen.

Kettensäge

Die Säge zeigt, wie schon lange vor der Industrialisierung in der Struktur der Werkzeuge selbst die Prinzipien des Fließbandes vorweggenommen werden. Eine Säge ist nichts anderes als eine Reihe winziger Äxte, die durch ihre Vielzahl die Holzfasern geradeso durchtrennen können wie die Axtschneide im Hieb. Jeder Zahn hat gerade so viel Abstand vom nächsten, dass der zwergenhafte Axtschwinger ausholen und einen winzigen Span herausschneiden kann. Dutzende, ja Hunderte solcher Axtschwinger lasse ich mit jedem Zug an einer Säge für mich arbeiten, und jeder steht genau an dem Platz, an dem ich ihn haben will, und tut, was er tun soll, am genau richtigen Ort. Für Feinarbeit sind die Späne so winzig, dass wir korrekt vom »Sägemehl« sprechen können, während die typischen Späne einer Motorsäge so groß wie Haferflocken sind und Mehl so wenig ähneln wie diese.

So ist es kein Zufall, dass die Säge viel früher und nachdrücklicher motorisiert wurde als die Axt. Auch passt ins Bild, dass die Säge für Heimtücke steht (»am Stuhl von … sägen«). Die Axt ist das Werkzeug des Individuums, die Säge tritt uniformiert auf und endet im Sägewerk, in der Sägefabrik, in der schließlich auch noch das Schärfen der großen, aus Hartmetall gefertigten Zähne vollautomatisch erfolgt, mit denen Bäume zu Brettern zerschnitten werden. Die Axt hat sich der Motorisierung widersetzt, mit der kleinen Ausnahme der Holzspalter, die manchmal noch etwas enthalten wie eine plumpe Axtschneide. Die meisten arbeiten allerdings wie eine überdimensionale Holzschraube, denn die Spaltmaschine kann den Schwung, die entscheidende Gabe der Axt, nicht nutzen.

Mit einer guten Spaltaxt Brennholz zu machen, ist eine körperlich und geistig fordernde Tätigkeit. Mit dem Spalter schafft man mehr weg und ist froh, wenn man den Stumpfsinn, den Lärm, die Energievergeudung hinter sich hat und den Maschinensklaven abschalten kann, der doch immer seinen Herrn versklavt.

Frankensteins Monster ist kein Gruselmärchen, sondern die Geschichte von Beziehungen zu Haushalts- und Heimwerkmaschinen. Wir haben sie geschaffen und angeschafft, weil wir überzeugt waren, sie seien unsere Golems und würden uns dienen. Aber solange sie uns Kraft und Bewegung rauben, sind sie unsere Herrn. Mit Axt, Sense und Handsäge arbeite ich; Spalter, Motormäher und Kettensäge arbeiten mit mir, ich werde erst wieder ihr Herr, wenn die Motoren nicht mehr laufen.

Spielkonsole

Wer junge Katzen, Hunde, Raben oder Bären beobachtet, erkennt eine große Gemeinsamkeit mit den Menschenkindern. Diese wirkt auf den erwachsenen Beobachter wie ein Überschuss an Bewegungsenergie, ein Antrieb, Sinnesorgane, Fantasie und Bewegungsapparat zusammenzuspannen und in freudiger Mühe zu üben. Je eintöniger später der Lebensraum der Tiere aussehen wird, desto geringer scheint dieser Spieltrieb; je vielfältiger, desto stärker ist er ausgeprägt.

Der Mensch hat sich den vielfältigsten Lebensraum erobert. Entsprechend verspielt sind seine Kinder. Vielmehr: Sie waren es, bis die Spielkonsole erfunden wurde. Die bisher im kindlichen Spiel den ganzen Organismus bewegende Übung konzentriert sich; sie wird sesshaft, sie erfasst nur noch Finger und Augen, die mit Tasten und einem Stöckchen oder Wärzchen arbeiten, das auch in Deutschland *Joystick* heißt und nicht mit Luststock übersetzt wird.

Je einförmiger die Ansprüche an den Bewegungsapparat, desto vielfältiger die Angebote auf dem Bildschirm. Wir können sie nach der psychoanalytischen Libidotheorie in orale, anale und phallische gliedern. In den oralen geht es um Essen und Gefressen werden (*pacman*, beispielsweise), in den analen um Sammeln und Bauen bis hin zur fiktiven Weltenschöpfung, in den phallischen um Erobern und Töten mit bis in alle Einzelheiten beschriebenen Waffen; bald werden Monster bekämpft, bald Terroristen.

Die Spielkonsole passt gut in eine Zeit, in der Kinder von besorgten Eltern vor den Gefahren der Straße beschützt werden. Die Kleinen sitzen still und bekommen doch jede Minute neue Reize, die ihren Spieltrieb aktivieren und kanalisieren. Die Folgen sind sehr problematisch. In einem Buch über digitale Demenz hat der Ulmer Neurologe Manfred Spitzer vehement gegen die frühe Versorgung mit Spielkonsole, Tablet und Laptop protestiert.[24] Er zitiert Studien. Sie belegen, dass Kinder schlechtere Schulleistungen erzielen und in ihrer körperlichen Entwicklung zurückbleiben, wenn ihnen jemand die Spielkonsole schenkt.

---

[24] Manfred Spitzer, Digitale Demenz. Wie wir uns und unsere Kinder um den Verstand bringen. München 2012

Stacheldraht

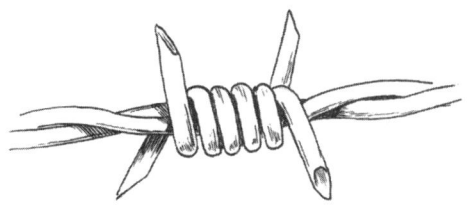

Wie sehr die industrielle Fertigung von Draht die Gesellschaft verändert hat, entgeht in der Regel unserer Aufmerksamkeit. In der Schule unserer Jugend, den Hollywood-Filmen, taucht diese stille Revolution als Leidensgeschichte der Viehzüchter und ihrer Cowboys angesichts der ersten Drahtzäune auf. Stacheldraht erlaubte eine intensive Landwirtschaft, leitete aber auch das Ende der freien Weide ein und wurde zu einem Symbol des industriellen Massenmordes. Ohne Stacheldraht keine Konzentrationslager. Noch mörderischer als der Stacheldraht ist ein Produkt, das NATO-Draht heißt und rasiermesserscharfe Klingen an einer gehärteten »Seele« trägt, sodass man ihm mit normalen Drahtschneidern nicht beikommen kann. Mit seiner Hilfe werden heute noch Gefängnisse ausbruchssicher gemacht und Machtzentren vor Demonstranten geschützt.

Die Draht-Zeit ist eng mit der industriellen Revolution verbunden. Zwar wurde bereits im 14. Jahrhundert entdeckt, Draht zu »ziehen«, Metallstäbe erhitzt durch ein kegelförmiges Loch einer aus hartem Metall (später aus Korund oder Diamant) hergestellten Form zu bewegen. Vor dieser Entdeckung gewannen die Handwerker Draht, indem sie Metallstäbe auf einem Amboss immer dünner ausschmiedeten. Im 19. Jahrhundert wurden im Zug der industriellen Revolution Eisen- und Kupferdraht zu billigen Materialien für den Alltag.

Nur wenige Metalle sind gleichzeitig so fest und so elastisch, dass sie sich zum Drahtziehen eignen: Platin, Gold, Silber, Kupfer, Eisen, Aluminium. Zusätze von Kohlenstoff, Phosphor oder in reiner Form ungeeigneten Metallen verbessern die Zähigkeit. Kaum eine andere Erfindung hat so viel verändert: Ohne Draht keine elektrische Energie, kein Telefon, keine Seilbahn. Draht revolutionierte Kommunikation, Landwirtschaft, Beleuchtung, Verkehr – und die Möglichkeiten, Vieh und Mensch einzusperren.

Die Kunst des Umgangs mit Draht ist ein fesselndes Beispiel, wie der industrielle Fortschritt Potenziale freisetzen kann, die er dann in seiner weiteren Entwicklung auch wieder vernichtet. Während die industrielle Verwendung von Draht sich kontinuierlich entwickelte und immer feinere Netze (zum Beispiel für Filter, für die Papierindustrie) hergestellt wurden, ist die handwerkliche Verwendung nach ihren Höhepunkten in der Kunst der Drahtbinder heute so gut wie ausgestorben.[25]

In Bauernhofmuseen finden wir noch Schalen, Krüge und Töpfe aus Ton, die von einem kunstvollen Drahtgeflecht umge-

---

[25] Es gibt heute Versuche, die Drahtbinderei auf einem künstlerischen Niveau neu zu beleben. In der slowakischen Stadt Zilina, im Schloss Budatin, wurde jüngst ein Drahtbindermuseum eröffnet, und es gibt Künstler, die sich mit dieser Technik beschäftigen. Vgl. M. Frank, »Das slowakische Ei des Kolumbus«, in: Süddeutsche Zeitung vom 14.4.2001, S. 12

ben sind. Andere Küchengeräte sind gesprungen, aber mit Draht so perfekt genäht, dass sie an Gebrauchswert und an Schönheit nichts verloren haben.

Diese Arbeiten stammen in Mitteleuropa von wandernden Handwerkern, die aus großer Armut oder sozialer Ächtung aufbrachen, um in den Städten und Dörfern ihre Dienste anzubieten und ihren Lebensunterhalt zu gewinnen. Sie gehörten, wie die Scherenschleifer und die Kesselflicker, zu den nicht in Zünften gebundenen »Pfuschern«. Es waren jüdische und slawische Handwerker, die bewundernswerten Einfallsreichtum entwickelten. Die Kunst der sogenannten *drotari* (Drahtbinder) war im 19. Jahrhundert in Europa noch so selbstverständlich, dass Franz Lehar in der Operette *Der Rastelbinder* unbefangen voraussetzen konnte, jeder würde verstehen, wovon die Rede war.

Viele der Drahtbinder kamen aus dem Norden der Slowakei. Sie zogen auf viele Tausend Kilometer langen Wanderwegen durch Europa, hatten eigene Herbergen, eine eigene Sprache und flickten alles, was repariert werden musste. Sie erreichten oft eine höhere Festigkeit, als es die Gegenstände vor der Reparatur hatten. Es waren hölzerne Geräte, Backtröge, Schüsseln, Fässer, Gefäße aus Ton und sogar Porzellan. Später wurden manche Geschirre – beispielsweise Bratpfannen – von Anfang an durch ein Drahtgeflecht geschützt.

In Böhmen wurden Andachtsbilder aus Glasperlen und Draht gefertigt, es gab Ostereier, die mit Silberdraht umflochten wurden, Mausefallen, Vogelkäfige und andere Drahtarbeiten. Angeblich hat ein Slowake auch die Einkaufskörbe und -wägen aus Draht erfunden, die in allen Supermärkten stehen und mitgeholfen haben, durch den massenhaften Umsatz von Ramsch die Kunst der Reparatur zu vernichten.

Toilettenpapier

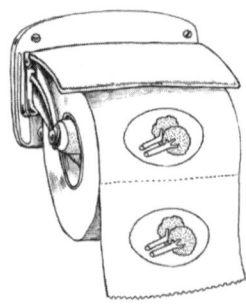

Europäer finden den orientalischen Brauch unhygienisch, sich mit der linken Hand den After zu waschen. Sie ziehen die trockene Lösung vor. Das Bedürfnis nach der in Lust und Leben nicht auffindbaren Grenze zu allem Ekelerregenden hat zu vielen dummen Erfindungen geführt, von denen das WC die dümmste ist und das Klopapier die Zweitdümmste. Beide ergänzen sich besonders eindrucksvoll, wenn das überreichlich verwendete Klopapier den Abfluss des WCs verstopft hat und die Scheiße hochgeschwemmt wird, die doch geruchlos und spurlos verschwinden sollte.

Wälder werden abgeholzt und Landschaften durch sinkenden Grundwasserspiegel versteppt, unter anderem deshalb, weil zivilisierte Menschen ihre Zwänge pflegen, nicht mit ihren eigenen Ausscheidungen in Berührung zu kommen.

Die ganze Angelegenheit ist das, was Freud »mehrfach determiniert« nannte. Es ist die Logik des Gauners, der auf den Vorhalt, der von ihm entliehene Kessel habe jetzt ein Loch, erwidert: »Erstens habe ich nie einen Kessel geliehen, zweitens habe ich ihn ganz zurückgegeben, drittens war das Loch schon drin, als ich ihn borgte!«

Wir essen nicht mit den Fingern, waschen uns vor dem Essen die Hände und haben doch immer brav dicke Papierschichten zwischen uns und das gelegt, was wir doch so behandeln, als hätten wir uns besudelt. Wir scheuen uns vor unserer Scheiße, wir sind so trainiert. Ich glaube nicht, dass es gut für unsere Psyche ist.

Als Kind lernte ich einen Abzählreim:
»Wenn der Bauer scheißen geht,
dann geht er hinters Haus,
und wenn er kein Papier dahat,
nimmt er die Faust.«

Wer kein Klopapier hat, behilft sich in Europa mit einem Papiertaschentuch, einem Stück Zeitung, einem Büschel Gras, Laubblättern. Beduinen benutzen Steine. Das geeignete Material zu finden, ist eine Schule über den Kontakt zwischen Naturstoffen und menschlicher Haut. Dass wir uns vor dem rauen, trockenen Papier fürchten und abwehrend verspannen, bedingt die große Neigung der Europäer zu Hämorrhoiden.

Eine Anmerkung aus dem Jemen: Der Hauptstadt Sanaa droht in den nächsten Jahren ein katastrophaler Wassermangel. Unaufhörlich laufen Pumpen, die aus immer tieferen Schichten das Grundwasser holen – wie lange noch? Ein Teil des Problems ist die Preisgabe des traditionellen jemenitischen Trockenklosetts zugunsten des europäischen Wasserklosetts. Das jemenitische

Klo trennte Kot und Urin; dadurch wurde die Geruchsbelästigung minimiert, die vom Einheits-Plumpsklo ausgeht.

Der Urin wurde für die Färberei gesammelt oder rann durch eine Rinne nach außen, die Hausmauer hinunter und verdunstete. Der Kot fiel in einen tiefen Schacht, der im Erdgeschoss erheblich breiter war als oben, sodass die Toiletten der verschiedenen Ebenen des jemenitischen Hauses (das bis zu acht Stockwerke hoch ist) alle ihren eigenen Fallgang hatten. Diese Grube füllte sich im Lauf der Jahre mit trockenem Kot. Alle zehn Jahre wurde der fast versteinerte Kot entnommen. Mit ihm wurden die öffentlichen Badehäuser beheizt.

In einer Radiosendung und später in mehreren Büchern hat Carmen Thomas Material gegen die Einfallslosigkeit zusammengetragen, welche den zivilisierten Umgang mit Urin prägt. Sie deckt verschiedene, tabuisierte Verwertungsmöglichkeiten auf: Mit Urin betupfte Pickel heilen schneller, Urin zu gurgeln hilft gegen Hals- und Zahnfleischentzündungen, mit Urin durchnässter Sand ist ein tauglicher Wundverband. Urin lässt sich gut zu allen möglichen Reinigungsarbeiten vom Wäschewaschen zum Fensterputzen oder Haarewaschen verwenden. In der Schweizer Armee soll es üblich sein, das Taschenmesser unter dem Urinstrahl zu säubern. So wird verhindert, dass die Angel des Klappmessers durch eingetrockneten Obstsaft verklebt.

Die Ekelgefühle, welche solche intelligenten Nutzungen eines bequem verfügbaren Hilfsmittels auslösen, sind unter dem Gesichtspunkt der Hygiene und Mikrobiologie nicht begründet. Urin gesunder Personen ist weitgehend keimfrei. In manchen Formen der Naturheilkunde, vor allem in Indien, gilt ein Glas Eigenurin, jeden Morgen getrunken, sogar als Jungbrunnen und Antidepressivum.

Ich habe damit keine Erfahrungen, kann es mir biologisch nicht erklären, sehe aber eine seelische Komponente, eine Art materialisierter Selbstliebe. Wir finden vielleicht Menschen schräg, die so etwas tun. An unserem enormen Verbrauch von nutzlosen bis schädlichen Seifen, Duschgels, Lotionen oder gezuckerten Getränken aus geheimnisvollen Stoffen finden wir hingegen nichts Besonderes.

TÜV-Plakette

Viele Fahrzeuge müssen jedes zweite Jahr auf ihren technischen Zustand überprüft werden. Es ist nicht erlaubt, vertretbare Mängel durch angemessene Fahrweise zu kompensieren. Der Porsche mit gültiger Plakette wird vom Gesetz für eine geringere Verkehrsgefährdung gehalten als der Fiat-Cinquecento ohne eine solche. Dahinter steht der Glaube an eine Fahrer-Persönlichkeit, die grundsätzlich mit allen technischen Grenzen »nach oben« – Motorstärke, Geschwindigkeit – *vernünftig* umgehen kann, während ihr derselbe vernünftige Umgang mit den technischen Grenzen »nach unten« nicht zugetraut wird.

Psychologisch ist es umgekehrt: Die Illusion der technischen Perfektion verführt zu Selbstüberschätzung; das Bewusstsein technischer Mängel zu Selbstdisziplin und Vorsicht. Die Selbstüberschätzung kann dazu führen, dass aus dem scheinbaren

Sicherheitsgewinn ein zusätzliches Risiko wird. Auch mit neuen Reifen und ABS darf man bei Regen und Schnee nicht fahren, als sei die Straße trocken.

Es gibt verantwortungsvolle Fahrer, die niemals durch die schiere PS-Stärke und die technische Überlegenheit ihres Wagens zu hohen Risiken verführt werden, und Verantwortungslose, die eine alte Karre mit defekten Bremsen und glattgefahrenen Reifen über die Autobahn jagen. Keine Lösung ist perfekt, auch der Verzicht auf Kontrolle wäre es nicht. Dennoch geht der Gesetzgeber in eine falsche Richtung. Verwöhnungs- und Anspruchsdenken werden durch die gesetzlichen Regelungen unterstützt. Sie schaffen Institutionen, die gesetzlich vorgeschriebene Untersuchungen für Fahrzeuge vermarkten. In den reichen Ländern haben diese Vereine durchgesetzt, dass alle Fahrzeuge, die mit stärkeren Explosionsmotoren betrieben werden, in einem bestimmten Zeitabstand untersucht und in das gebracht werden müssen, was die entsprechenden Experten einen sicheren Zustand nennen.

Diese Untersuchung ist ein herausragendes Mittel, technische Dummheit zu fördern und den Durchschnittsbürger den Maschinen zu entfremden, mit denen er täglich zu tun hat.

Der technische Untersucher geht davon aus, dass er die Normen kennt, die ein Fahrzeug »sicher« oder »verkehrsgefährdend« machen. Er ignoriert die bei Weitem größte Gefahrenquelle: den Fahrer. Der Maserati mit dreihundert Pferdestärken kommt problemlos durch die Untersuchung, weil seine Bremsen greifen und nichts rostet, die elektrische Anlage funktioniert und die Windschutzscheibe keinen Sprung hat.

Es gibt viele Länder, die solche Untersuchungen nicht kennen und es weitgehend der Verantwortung des Fahrers anheimstellen, welche Mängel seines Fahrzeugs er sich noch zutraut zu kompensieren. Dort fahren Autos, die für einen deutschen TÜV-Untersucher der reinste Albtraum sind. Ob es deswegen mehr Unfälle gibt als hierzulande? Auf jeden Fall gibt es Fahrer, die mit beträchtlichem Geschick improvisieren und ständig lernen, durch ihre Bastelei ein Fahrzeug vor dem Schrottplatz zu bewahren.

Solche Fahrzeuge verbrauchen mehr Treibstoff, verschmutzen die Umwelt und gefährden Unbeteiligte. Ich finde diese Einwände richtig, aber sie müssen gegen andere gewogen werden: Die Produktion von neuen Autos vergeudet Energie, Rohstoffe und verschmutzt ebenfalls die Umwelt. Auch technisch perfekte Autos gefährden Unschuldige, wenn sie zu schnell gefahren werden, wozu nicht zuletzt die vom TÜV geschaffene Fiktion von Sicherheit verlockt.

In einem Magazin stand im Dezember 1998 ein Bericht über Kraftfahrer in Kenia, deren Fahrzeuge ein Redakteur von einem TÜV-Prüfer untersuchen ließ. Die Originalität und Erfindungskraft der afrikanischen Kraftfahrer wird darin mit spöttischen Untertönen abqualifiziert, der dummstolze Ton des Prüfers in Rot hinzugedruckt. »Insgesamt hat dieses Fahrzeug 117 Mängel. Als Lkw ist es nur noch aufgrund der Umrissgestaltung einzustufen. Es würde zum Beispiel nichts ändern, wenn die rückwärtigen Beleuchtungsanlagen vorhanden wären, weil im Führerhaus die entsprechenden Schalter und Bedienhebel fehlen.«[26]

Der Fahrer hält sein Auto für ein Schmuckstück, auch wenn es schlecht anspringt (das ist milde gesagt; es fehlt die Batterie, der Lkw muss an einem Abhang parken oder angeschleppt wer-

---

[26] Süddeutsche Zeitung – Magazin Nr. 50/1998, 11.12.98, S. 22

den). Rücklichter braucht er nicht, so muss er wenigstens nicht auch noch nachts arbeiten. Wenn er Geld bekäme, um den zwanzig Jahre alten Wagen zu überholen, dann würde er ihn neu lackieren lassen, in Türkis, weil ihm diese Farbe gefällt.

Während der TÜV-Beamte den Mangel eines Fahrtschreibers, eines funktionierenden Tachometers, eines rutschfesten Bodenbelags, eines Warndreiecks und eines Verbandkastens moniert, basteln die afrikanischen Fahrer aus einer Plastikflasche einen Ersatz für den defekten Bremsflüssigkeitsbehälter und laden einen Stein ins Auto, der als Feststellbremse dient. Ein Reifen, der vom deutschen TÜV zwangsentsorgt wird, ist in Afrika noch praktisch neu; er wird bis auf den letzten Rest Profil abgefahren und dann noch sorgfältig weiter benutzt, bis auch die Decke zerstört ist; aus den Flanken kann man immer noch Wassereimer und Schuhsohlen machen.

Verkleidung

Verkleidungen sind Masken, Mummenschanz, sie täuschen etwas vor, verbergen eine Wahrheit. In der Konsumwelt tarnen Verkleidungen meist den tückischen Kern des gewollten Veraltens. Wo Handwerkskunst, Materialgerechtigkeit, Reparaturfreundlichkeit angesichts eines Produkts vor Scham erröten müssten, wird dieses verkleidet. Die Dinge tun so, als seien sie glatt und schön und würden, wie ein guter Butler, die Herrschaft nicht mit überflüssigen Einzelheiten behelligen. Sie verbergen ihr Innenleben, und machen es in den schlimmeren Fällen unzugänglich.

Die Verkleidung ist das materialisierte Lernverbot. »Ich will nicht mit dir sprechen, ich weiß besser als du, was richtig für dich ist.« So ungefähr lautet ihre Botschaft. Die Verkleidung tarnt das Ding als gute, fürsorgliche Mutter. Aber es ist eine Schönwettermama, der ihre eigene Eitelkeit wichtiger ist als das Wohlergehen des Kindes.

In einem großen Sektor der Konsumwelt ist die Verkleidung kostspieliger als der Inhalt, vor allem, wenn wir den Aufwand für Reklame hinzurechnen: Die Inhaltsstoffe von Medikamenten, Parfüms und Kosmetika kosten oft nur Centbeträge. Das Teure ist das Kostüm.

Nun könnte man sagen, dass der Mensch selbst in der Regel doppelt verkleidet ist – seine Organe sind mit Haut bedeckt, und er zieht meist noch Stoffe über diese Haut. Aber der Vergleich hinkt, denn Menschen verfügen über eine von zahlreichen sensiblen Nerven getragene Innenwahrnehmung und über ausgeprägte Fähigkeiten der Selbstheilung. Verkleidete Dinge besitzen in der Regel weder das eine noch das andere. Sie verweigern sich dem erkennenden Blick und der Einsicht in ihre Zusammenhänge und Störungsmöglichkeiten.

Besonders pervers ist diese Form der Verkleidung, wenn es darum geht, Geräte künstlich veralten zu lassen. Das ist bei den in Plastik verschweißten Batterien vieler Elektrorasierer, Elektrozahnbürsten, Handys und Tablets inzwischen böse Praxis.

Verkleidungen weisen in die falsche Richtung: Das Gerät soll eine glatte Larve zeigen, die »sauber« aussieht und sich auch leicht sauber machen lässt. Die Einsicht in seine Funktionen wird demgegenüber für unwichtig erklärt, desgleichen die Möglichkeit, es zu reparieren, defekte Teile zu ersetzen.

Verkleidungen täuschen Ganzheiten vor, wo sie nicht sind; so bereiten sie dem Ex und Hopp den Weg: Wenn etwas nicht mehr funktioniert, wird nicht erkannt, an welchem Detail es liegt, sondern das nächste verkleidete Produkt wird gekauft. So wandern Staubsauger in den Müll, weil die Kohlebürsten im Antriebsmotor für das Gebläse verbraucht sind.

Eine weitere Form der Verkleidung ist es, Rohre und Leitungen unter Putz zu verlegen. Das ist vielleicht im landläufigen Sinne schöner, hat aber auch eine zweite, unterschwellige Bedeutung, denn *Homo consumens* will ja nicht daran erinnert werden, dass er an irgendwelchen Netzen hängt und vampirisch mehr aus dem Planeten saugt, als nachwächst. Verkleidete Leitungen hindern den Nutzer, Störungen rechtzeitig zu erkennen und problemlos zu beheben.

Wer einmal in seiner Altbauwohnung ein Leck in einer Druckwasserleitung mit Mauernässe über Stockwerke hinweg erlebt hat und zusehen musste, welchen Aufwand mit Hammer und Meißel es macht, den Fehler zu finden und zu beheben, wünscht sich keine verkleideten Leitungen mehr. Auch wenn das Ergebnis nicht immer so intelligent ist wie im Palast des Imam in Tais (Südjemen), wo das Rohr für die Wasserleitung als Handlauf für die Treppe in die oberen Stockwerke dient.

Wasserleitung

Wasser ist weder klug noch dumm, sondern lebensnotwendig. Problematisch ist das System, durch das Wasser verborgen zu den Stellen fließt, wo es gebraucht wird. So ist es in den reichen Ländern jederzeit verfügbar, wenn ein Mensch trinken, kochen, sich selbst oder eines seiner Dinge reinigen und schließlich seine Ausscheidungen geruchlos entfernen möchte. Wasser wird trivial, fließt kurz an uns vorbei oder durch uns dienstbare Dinge hindurch, verliert alle Qualitäten von Kostbarkeit, alles Herzöffnende, das wiederzufinden wir dann weite Strecken zurücklegen, um das Meer zu sehen, an einem Seeufer zu wandern, lebensgefährliche Klettereien in Wildbächen oder kaum weniger riskante Paddel- und Schlauchbootfahrten zu planen.

Die Dummheit des Wasserklosetts ist unter »Toilettenpapier« beschrieben. »Water runs to money« ist ein Spruch, der uns jedes

Jahr mehr zu denken geben wird. Wasser läuft heute nicht mehr seine natürlichen Wege bergab, sondern es wird dorthin gezwungen, wo Geld ist; blühende Landschaften werden zur Steppe, weil irgendwo mehr Reichtum und Macht sitzen und dafür sorgen, dass das Wasser zu ihnen fließt und dort fehlt, wo es »nur« dem natürlichen Kreislauf dient.

So werden klare Gebirgsflüsse schmutzige Rinnsale, ehe sie die Ebenen erreicht haben, deren Bauern einst von reich bewässerten Feldern leben konnten. Ströme versiegen weit vor ihrer Mündung, weil eine Talsperre jedes Jahr mehr Rasensprenger und Swimmingpools versorgt.

Das verlorene Wasser

Noch eine Geschichte dazu: Es war die Zeit der größten Trockenheit, der letzte Regen war im Mai gefallen und er war nicht reichlich genug. Im Juli hatten sich die Maisbauern noch mit künstlicher Bewässerung geholfen, aber als jeden Tag die Sonne in denselben wolkenlosen Himmel stieg und die spärlichen Gewitter sich mit kurzem Wolkenzauber und Donnergrollen wieder auflösten, standen die Sprühanlagen still, der Rasen, der nicht mehr gewässert werden durfte, verdorrte und immer öfter kam kein Wasser mehr aus den Leitungen – und wenn es dann kam, war das Reservoir gleich wieder erschöpft.

Der Bürgermeister hatte überall Plakate anbringen lassen, die zu Sparsamkeit rieten, er hatte den Villenbesitzern verboten, die Rasensprühanlagen, den Bauern, die Bewässerungspumpen zu betreiben.

Der Leiter der Wasserwerke kam mit einem Plan, im Gebirge eine neue Talsperre anzulegen. »Es wird sehr teuer werden«, sagte er. »Alle Möglichkeiten in der näheren Umgebung haben wir ausgeschöpft. Die Bauern sind wütend, weil der Grundwasserspiegel sinkt und viele Bäume verdorren, die hundert und mehr Jahre den Sommer überstanden haben.«

Am nächsten Morgen kam die Sekretärin und sagte, eine junge Frau sei draußen, eine Landschaftsarchitektin, die behaupte, sie könne das Wasserproblem mit einem Bruchteil der Kosten lösen, die ein neues Aquädukt und die Talsperre verursachen würden.

Der Bürgermeister war neugierig und nahm sich eine Viertelstunde Zeit.

Die Frau war blond und trug ein einfaches Kostüm aus ungebleichtem Leinen über einem weißen T-Shirt. Sie brachte Papiere in einer Mappe.

»Sie wollen also etwas erreichen, was die Spezialisten der Wasserwerke nicht zustande bringen!«

Sie lächelte und nickte. »Ich suche in einer ganz anderen Richtung. Ihre Leute überlegen immer nur, wo sie einen tieferen Brunnen bohren oder einen weiter entfernten Gebirgsbach aufstauen und anzapfen können. Sie planen neue Leitungen, wachsenden Verbrauch, größere Reservoire. Aber sehen Sie hier!«

Sie zeigte ihm einen Plan, in dem er allmählich das Leitungsnetz seiner Stadt, die Fördermengen der Brunnen und die Aquädukte erkannte. Neben den blauen Adern standen jeweils Zahlen; an den einzelnen Brunnen ebenfalls. Manche dieser Zahlen waren blau, andere rot.

»Kein Leitungsnetz ist dicht«, erklärte sie. »Wir haben zum Teil Leitungen aus dem vorigen Jahrhundert. Die Zahlen drücken die Differenz zwischen dem Wasservolumen aus, das bei den Bürgern ankommt, und dem, das aus den Brunnen herausfließt.«

»Dann versickert soviel Wasser, wie das neue Projekt uns bringen würde, jede Stunde ungenützt im Erdreich?«

»Man könnte sagen, es hält den Grundwasserspiegel der Stadt hoch, und ist deshalb nicht ganz nutzlos. Aber Sie haben recht.«

»Warum hat mir mein Direktor das nicht gesagt?«

»Das müssen Sie ihn fragen. Aber ich denke, er hält diesen Schwund für unausweichlich. Das tun viele Ingenieure; es würde Unsummen kosten, sagen sie, die alten Leitungen zu reparieren. Aber ich denke eher, es ist eine Frage, für welche Investitionen wir uns entscheiden. Ich garantiere, dass ich mit der Hälfte der Kosten einer neuen Talsperre die Verluste um 80 Prozent vermindern kann. Außerdem würde ich, wenn Sie mein Projekt unterstützen, die Tarifstruktur ändern. Wer eine quotierte Mindestmenge verbraucht, bekommt das Wasser billig. Von da an steigt der Preis ständig, sodass es sich für jeden Haushalt lohnt, nicht mehr zu verbrauchen als notwendig. Das System bricht im Sommer zusammen, weil niemand daran denkt, seinen Verbrauch zu begrenzen, ehe nicht alle Vorräte erschöpft sind. Er wird also möglichst viel verbrauchen, um nicht zu kurz zu kommen, wenn nichts mehr aus dem Hahn fließt. Dann wird er alle Hähne offen stehen lassen. Wenn das Wasser wieder seinen Haushalt erreicht, wird ein großer Teil gleich in die Kanalisation fließen, ein anderer als Vorrat in seine Badewanne oder in sein privates Reservoir.«

Diese kleine Geschichte geht davon aus, dass wir die Wasserleitung intelligenter machen könnten. Wäre es nicht noch klüger, so veraltete Dinge wieder einzuführen wie den Stadtbrunnen, zu dem jeder gehen und seinen Bedarf schöpfen kann? Denn auf diese Weise entsteht ein Zwang, Wasser als Kostbarkeit zu behandeln, die nicht vergeudet werden darf, der mit anderen Mitteln (wie der vorgeschlagenen Tarifpolitik) nicht so zuverlässig erreicht werden kann.

Zum Brunnen gehen

Die Kultur der öffentlichen Brunnen ist heute nur noch dem Historiker bekannt. Es ist eine Kultur, dem Wasser Würde und Wert zu geben und dem Menschen eine soziale Beziehung um dieses Element herum anzubieten, deren Bedeutung wir erst dann genauer erkennen, wenn wir sie verloren haben. Für die meisten Touristen sind diese Wasserstellen nur Merkwürdigkeiten. Es gibt wunderschöne davon, in Rom eine ganze Spanne von der Antike bis zum Barock, in Nürnberg hochgebaute gotische Filigrane. In Venedig schmückt jeden Platz ein Zugbrunnen. Heute sind nur noch die Brunnenköpfe zu sehen. Sie sind oft in der Form von Säulenhäuptern gearbeitet.

Es waren raffinierte Anlagen zwischen Zisterne und künstlicher Quelle. Das Pflaster war so angelegt, dass der Regen gesammelt wurde und in eine nach außen mit Lehm abgedichtete Sandfüllung floss. In der Mitte dieses riesigen Sandvolumens, das gelegentlich ausgewechselt wurde und als Filter diente, war der Brunnenschacht, aus dem die Anwohner gereinigtes Wasser schöpfen konnten. Ich vermute, dass die Venezianer diese Technik den Arabern abgeschaut haben, deren Moscheen mit großartigen Zisternenbrunnen ausgerüstet waren.

In Kairouan (Tunesien), wo eine der schönsten dieser uralten Moscheen steht, ist der ganze riesige Hof einst Brunnen für die Gemeinschaft gewesen. Heute sieht man noch die von den Zugseilen zu einem bizarren Rinnenmuster gestalteten Schöpflöcher.

»Mein« eindrucksvollster Brunnen steht in Orvieto. Der *Pozzo San Pancrazio* verbindet durch eine doppelte Wendeltreppe, die für Mensch und Esel gleich gangbar ist, die auf einer Felskuppe gelegene Stadt mit dem Grundwasser, das in der Ebene schläft. Wie eine Säulenhalle, die sich in die Tiefe schraubt, aus dem Licht in die Dunkelheit und wieder zurück, mit zarten Farnblättern in den Tuffsteinen, lässt er den zufälligen Besucher jeden beneiden, der Tag für Tag sein lebensnotwendiges Wasser aus diesem Schneckengang holen muss. »Treffen wir uns morgen am Brunnen?« »Ja, um die Mittagszeit!«

Heute fehlt den mit einem Pumpkreislauf ausgerüsteten und arg verschmutzten Monumentalbrunnen ihre entscheidende Qualität für das Wohlbefinden der Bürger. Sie bewahren nicht mehr die Würde und Reinheit des öffentlichen Wassers, sondern sparen für die verborgene Verschwendung. *Aqua non potabile*, kein Trinkwasser, steht auf gut sichtbar angebrachten Schildern für jene Aberwitzigen, denen ihre Eltern noch nicht beigebracht haben, dass man nur Wasser aus etikettierten Flaschen trinken kann.[27]

Der öffentliche Brunnen ist ein kluges Ding, nicht nur, weil er uns hilft, weise zu bleiben, was die Verschwendung von Wasser und das Aussaugen der Grundwasserschichten angeht, sondern auch, weil er von selbst soziale Kontakte stiftet und erhält, die – wenn er erst verschwunden ist – mit künstlicher Mühe durch Nachbarschaftszentren und Sozialpädagogen zurückgewonnen werden müssen. Heute lesen wir, wie ein Rentner erst dann in seiner Wohnung gefunden wurde, als der Leichengeruch das Treppenhaus verpestete.

Vereinsamung gehört zur Kultur der Wasserleitungen wie sozialer Kontakt zur Kultur der öffentlichen Brunnen und Bäder. Eine der elementarsten Ausdrucksformen von Respekt ist, dass wir uns *zu einem anderen bemühen*, ihn nicht einfach antanzen

---

[27] Den Mut zur Ausnahme habe ich jüngst in Brixen in Südtirol gefunden: Dort steht an zwei Brunnen in Domnähe »Trinkwasser – aqua potabile«.

lassen. Diesen Respekt vor dem Wasser schenken uns Brunnen und Quelle, Waldbach und Tümpel, Fluss und See. Niemals hätte die Verschmutzung der öffentlichen Gewässer so weit gehen können, wenn es kein Leitungswasser gäbe.

Die Mythologie der Wasserleitung hat mit den Themen der Unsterblichkeit und der Macht über Leben und Tod zu tun. Jeder kennt eines der Märchen über das Wasser des Lebens; die unsterblichen Götter sind deshalb ewig jung, weil sie von einem Nektar kosten, den sonst niemand haben kann. Fließendes Wasser im eigenen Haus heißt Macht über ein Lebenselement, das wir kürzer entbehren können als alle anderen mit Ausnahme der Luft, die so reichlich vorhanden ist, dass nicht sie selbst, sondern nur ihre Sauberkeit ein knappes und teures Gut werden kann. Das abgedichtete Auto, in dessen Innenraum nur gefilterte und klimatisierte Luft gelangt, gleicht unserem Badezimmer.

Das WC

Der römische Kaiser Vespasian hatte öffentliche Bedürfnisanstalten eingerichtet und verkaufte den gewonnenen Urin an die Färber, welche diesen Stoff brauchten. Sein Sohn Titus stellte ihn zur Rede: wie könne er so anrüchige Geschäfte machen? Vespasian gab ihm eine Münze und ließ Titus riechen. *Pecunia non olet* musste dieser gestehen. Geld stinkt nicht. Urin zersetzt sich zu Ammoniak. Dieser eignet sich dazu, Wollstoffe zu entfetten und so für die Farbe aufnahmefähig zu machen. Ein Junge, der in ein Fass pisst, ist im Wappen der Färberstadt Saalfeld in Thüringen.

Die *Vespasiani*, wie sie heute noch in Italien und Frankreich heißen, waren reine Urinale. Das Urin-Recycling der Färber ist sicher eine klügere Lösung als die moderne Kanalisation. Für den

Kot gab es in der Antike in den Thermen luxuriöse Marmorsitze, bis zu zehn nebeneinander, unter denen ein ständiger Wasserstrom floss. Der römische Arzt Galen warnte, Fische zu essen, die im Unterlauf kotführender Flüsse gefangen worden waren.

Die ausgeklügelten Bewässerungssysteme der Antike verfielen sehr schnell, wenn sie nicht gewartet wurden. In Aquincum, dem heutigen Budapest, haben die Ausgräber nachgewiesen, dass schon wenige Jahrzehnte nach dem Abzug der Römer das System der Aquädukte und Kanäle verfallen war, sicher zur Freude der Donaufische. Das Wasserklosett ist eine britische Erfindung, die zweimal gemacht wurde. Während in florentinischen Palästen noch kleine Abtritte mit steilen Fallrohren gebaut wurden und im Schloss von Versailles Diener mit tragbaren Leibstühlen zu verhindern suchten, dass die Edelleute in die Winkel der Gänge urinierten, hatte in England ein Mündel der Königin Elisabeth ein Wasserklosett erfunden, das mithilfe zweier Tanks und eines verschließbaren Beckens die Exkremente weitgehend geruchlos entsorgte. Es war aber sehr aufwendig und teuer, nur für Reiche geeignet.

Der Geruchsverschluss mithilfe eines Siphons, in dem das Spülwasser selbst das Fallrohr abdichtet, wurde von Alexander Cumming 1775 patentiert. Seine Erfindung ist ebenso genial wie verhängnisvoll, vor allem seit das komplette WC in Sanitärporzellan zu einem Massenartikel wurde. Es ist eine derart elegante und überzeugende Lösung, Wohnungen von Gerüchen frei zu halten, dass sie auch in vielen Ländern übernommen wurde, die – anders als England – zu wenig Wasser für diese Neuerung haben.

Die »fortschrittlichen« Stadtteile in Entwicklungsländern verschwenden und verschmutzen seither mehr Wasser, als die Armen im Rest des Landes verbrauchen. Wasser wird der umkämpfte Rohstoff einer nahen Zukunft. Solange die Araber in Palästina nicht ebenso viel Wasser haben wie die Israelis, wird es dort keinen Frieden geben.

Druckabfall

In dem Altbau schienen Dusche und Hahn täglich müder zu fließen. Erst quoll es reichlich und lärmend, dann still, schließlich sehr leise, manchmal morgens, wenn mehrere Parteien auf dieser Seite des Gebäudes Wasser brauchten, gar nicht mehr.

Die Hausverwaltung bestellte einen Installateur. Der kam mit einem Gehilfen und stellte fest: »Druckabfall!« Der gute Druck zu Beginn käme von den höheren Stockwerken. Die Rohre seien voll, was von unten nicht käme, würde von oben einströmen. Dann sei es aus damit, anscheinend fließe von unten zu wenig nach.

Der Fachmann ging in den Keller, betrachtete die Wasseruhr und die von ihr abzweigenden Leitungen, drehte kurz an den Absperrventilen, ob nicht eines zu sci. Kein Wunder, sagte er, diese Leitungen sind alt, sie sind zu gering dimensioniert, sie sind darauf zugeschnitten, dass es nur eine Toilette und ein Waschbecken in jedem Stockwerk gibt, nicht zwei Küchen, Bäder und WCs wie heute.

»Aber es ging doch lange Zeit gut!«

»Diese Leitungen verkalken. Sie sind alt. Man kann nichts machen, außer eine neue Leitung einbauen, eine größer dimensionierte, wie das heute üblich ist!«

Der Betrieb, aus dem der Techniker gekommen ist, macht einen Voranschlag über einige Tausend Euro für eine neue Steigleitung.

Die Hausgemeinschaft ist schockiert. Ob es nicht billiger ginge, ob man nicht die Leitung reinigen könne?

»Man weiß nie, wo die Engstelle ist. Und Salzsäure darf man doch nicht in eine Trinkwasserleitung geben! Die Leitungen sind einfach zu alt, sie sind vielleicht schon fünfzig Jahre in dem Haus. Die müssen raus.«

Dann macht sich ein Student, Sohn der Familie im Erdgeschoss, mit einer Schiebelehre auf die Suche. Er prüft alle Absperrventile. Eines fällt ihm auf. Die Spindel sitzt fest. Er sperrt das Wasser und schraubt den Mechanismus ab. Überall feiner Dreck. Er reinigt das Ventil, macht es mit einem Entkalker und einem Tropfen Öl wieder gängig.

Auf der Ostseite des vierstöckigen Altbaus funktionieren wieder alle Duschen, Bäder, Waschbecken.

Wochenendhaus

Um in das Schlaraffenland zu gelangen, in dem gebratene Tauben dem Besucher in den Mund fliegen und Bäche Wein, Milch oder Honig führen, ist es notwendig, sich durch eine dicke Mauer aus Brei hindurchzufressen. Das aktuelle Äquivalent zu diesen Breimauern ist die Distanz des Großstädters von seinem Haus auf dem Land, beziehungsweise die des Landbewohners von seinem Arbeitsplatz in der City. Es ist uns selbstverständlich geworden, uns durch solche Breimauern hindurchzufressen, wobei eine der beschönigenden Vokabeln die vom »Pendler« ist, als reiche der Schwung, der ihn irgendwo hinführt, auch aus, ihn zurückzubringen. Das Gegenteil ist der Fall: Pendler verstopfen periodisch alle Wege, Schwung hilft ihnen gar nichts.

Die modernen Breimauern haben eine ganz andere Qualität als die der traditionellen Fabel. Sie sind anfänglich fast unsichtbar und werden dann von Jahr zu Jahr dichter, undurchdringlicher, zäher. Der Brei schmeckte einmal süß und war gar nicht der Rede wert – heute liegt er wie Blei im Magen, verstopft Mund und Nase, zwingt jedes Mal dazu, sich mit einem Vorsatz zu wappnen. Unmerklich bestimmen dann diese Eigenschaften auch das, was wir innen, im Schlaraffenland, erleben: Ist es uns die dicke, eklige Breimauer noch wert?

Ein Freund kaufte sich als Student für eine lächerliche Summe ein Waldstück mit Quelle am Pilion, dem mythenumwobenen Bergland in Nordgriechenland. Damals war alles Entzücken – Meer und Land und Luft, die Gespräche am Dorfplatz und die nächtlichen Ausfahrten mit dem Fischerboot. Später baute er ein Haus dort und ließ es nach örtlicher Sitte mit Steinplatten decken, obwohl Ziegel inzwischen viel billiger waren.

Heute, zwanzig Jahre später, überlegt er sich jeden Sommer, ob er hinunterfährt oder nicht. Er hat schon alles versucht, um die Breimauer etwas durchlässiger zu machen, er kennt die Fähren in Süditalien und den Flughafen von Athen mit den Boxen für die Leihwägen, aber was er auch tut, die Breimauer wird von Jahr zu Jahr undurchdringlicher.

Ich bin längst nicht so weit in den Süden gegangen, aber das Haus in der Toskana vermittelt mir ganz ähnliche Erfahrungen. Als die Brennerautobahn fertig war und die Breimauer theoretisch in sechs Stunden zu durchdringen, schien die Entfernung nicht kürzer, sondern länger und mühsamer. Manchmal wunderte ich mich, dass die Fahrt gar nicht so unangenehm war; dann wieder übertrafen Stau, Gestank und Stress alle Erwartungen.

Angekommen, atme ich auf, aber vor der Abreise legt sich die Breimauer grau und zäh auf mein Gemüt. Der ererbte Wald in Franken, das Wochenendhaus, die Freunde auf dem Land – wenn nur die Breimauer nicht wäre.

Schluss

Über Nostalgie und Kreativität

Ich kann den Eindruck verstehen, dass manche Gedanken über die dummen Dinge nostalgisch wirken. Wenn ich den Haushalt meiner kleinbäuerlichen Großeltern beschreibe, das Kochfeuer der Oma oder das Mähen mit der Sense, den öffentlichen Brunnen und den Holzgaser am Auto, dann liefere ich dem Vorurteil Stoff, da sei wieder jemand am Werk, der belehren will, dass früher alles besser war.

Es ist bedauerlich, wenn jeder nostalgische Gedanke standrechtlich verfolgt wird, als desertiere da jemand aus der Gegenwart, sei ein Träumer und unscharfer Denker. Aber ich lebe und liebe die Gegenwart, habe nie in einer anderen Zeit leben wollen als eben dieser, die mir zugefallen ist. Freilich bin ich auch überzeugt, dass wir keine Idee verschwenden dürfen, die uns hilft, den Verschwendungskonsum kritischer zu sehen. Daher scheue ich mich nicht, wo immer es möglich ist, die Vorteile einer *übenden* gegenüber einer *komfortablen* Technologie darzustellen. Es stört mich dabei wenig, dass die übende Technologie meist die ältere ist, während die komfortable Technologie den Verlust an Übung auch dann noch idealisiert, wenn sie durch Verschwendung und Risiko bedrohlich geworden ist.

Sicherlich ist viel an dieser Betrachtungsweise meinem zweiten Beruf geschuldet, dem des Psychoanalytikers. Freud war nach vielen Bußpredigern der erste biologisch orientierte Forscher, der gründlich untersuchte, weshalb Menschen stets durch Regressionen gefährdet sind – durch eine unbewusste Fesselung ihrer Lebenskraft an kindliche, unreife und verantwortungslose Formen der Befriedigung. Sie haben panische Angst, auf solche Befriedigungen zu verzichten, wenn sich diese erst einmal eingeschliffen haben, und erfinden massenhaft Begründungen für deren Unentbehrlichkeit, die in einem Missbrauch der Vernunft wurzeln (genannt Ideologie und Rationalisierung). Sie lernen Triebverzicht nicht allein durch Einsicht, sondern vor allem durch die Angst vor dem Untergang, wenn sie nicht innehalten.

Ein Beispiel: Wir könnten heute ein leichtes, stabiles, reparaturfreundliches und an Tesla gemessen sehr langsames Elektrofahrzeug bauen, das viel besser wäre als die VW-Käfer oder Ford-T-Modelle von einst. Es geschieht nicht. Die Entwicklung solcher Lösungen unterbleibt, nicht zuletzt durch den Einfluss der dummen Dinge. Wer mir aber unterstellt, ich wollte wieder den VW-Käfer bauen und zu Petroleumlampen und Plumpsklos zurückkehren, der unterschätzt meine Intelligenz. Ich finde es nur lehrreich, mit Petroleumlampen und Plumpsklos, mit dem öffentlichen Brunnen und dem Weg zur Quelle zu *spielen*, von ihnen zu lernen.

Auf die erste Veröffentlichung meiner Gedanken über die Dinge habe ich einen langen, sehr kritischen und sehr engagierten Brief von Philipp Schmidt-Thomé aus Helsinki erhalten. Der Autor gibt sich als Geowissenschaftler zu erkennen. Er hat sich offensichtlich viel mit den Zuständen in Entwicklungsländern auseinandergesetzt und beginnt nun nachzuprüfen, wie praktikabel oder eben auch nicht praktikabel meine Gedanken sind. »Meinen Sie, dass Sie irgend jemanden im Jemen dadurch dazu bringen, seinen Stuhlgang wieder ›intelligent‹ zu vollziehen, indem Sie ihm sagen, dass er, im Gegensatz zu seinem Großvater, seinen Darm in ein ›dummes Ding‹ entleert?«

Mein Text ist weniger an Lösungen orientiert als an der Darstellung von Problemen, genauer: an der Darstellung eines Dilemmas, in das uns die Umweltsituation versetzt. Daher ist es auch ein Missverständnis, mir beispielsweise zu unterstellen, ich würde öffentliche Brunnen »propagieren« – und dann festzustellen: »Meiner Meinung nach darf man an so etwas gar nicht denken; die politischen Konsequenzen wären selbstmörderisch, die hygienischen Verhältnisse wären katastrophal und auch hinsichtlich der heutzutage so oft diskutierten ›Sicherheit‹ völlig irreal. Sabotage, zum Beispiel, wären Tür und Tor geöffnet.« Gegenfrage: Warum soll ich nicht über die Vorzüge einer Kultur des öffentlichen Brunnens nachdenken dürfen, *ohne* diesen als Universallösung zu propagieren?

Schmidt-Thomé hat sich besonders gegen Gedanken empört, Nutzer nicht zu kontrollieren und mehr offene Räume zu schaffen. Natürlich bin ich ebenso wie er überzeugt, dass besser isolierte Häuser und Solarenergie klügere Lösungen für viele Gebiete dieser Erde sind als rauchende Holzfeuer und Öllampen. Aber ob wir beispielsweise Fahrzeuge und Bauten grundsätzlich autoritär so überwachen müssen, wie das gegenwärtig durch den TÜV und die Bauämter geschieht?

Viele Moralisten entwerten spielerisches, ungeregeltes Verhalten als kindisch und gefährlich. Sie stellen ihm das verantwortungsbewusste und autonome Verhalten des Erwachsenen gegenüber, der sich Gesetze gibt und diese von der Justiz überwachen lässt. Sie plädieren für eine Ordnung der Gedanken und rufen bei einem Problem nach dem Gesetzgeber.

Dieses Modell bestimmt Justiz und Politik in den meisten zivilisierten Staaten. Es funktioniert aber nur dort, wo es auch angenommen wird – denken wir etwa an Griechenland. Und es ist in seinem Glauben an einfache Regeln, die auf jede Situation anwendbar sind, unrealistisch. Menschen sind viel komplexer als Regelwerke, sie funktionieren weniger vorhersehbar, als es ihnen juristische Texte unterstellen.

Als 2009 Elinor Ostrom den Nobelpreis für Wirtschaftswissenschaften erhielt, wurde eine Frau geehrt, die seit Jahrzehnten dafür kämpft, die überall auf der Welt funktionierenden Allmenden zu erforschen und von ihnen zu lernen, wie wir die drohenden ökologischen und ökonomischen Katastrophen abwenden können.

Vor Ostroms Beiträgen dominierten rationalistische Beiträge die ökonomische Theorie: Der Markt und das Privateigentum stehen auf der einen Seite, die staatlichen Gewaltmonopole auf der anderen. Wo das Privateigentum nicht funktioniert, muss der Staat oder eine Organisation von Staaten wie die UNO eingreifen.

Elinor Ostrom nennt dieses Modell entschlossen »ärmlich«. Sie verbindet es mit einer Überspezialisierung und der bedauerlichen Trennung von Politik- und Wirtschaftswissenschaften. Sie führt dazu, »dass in der Politik in der Regel weitreichende Vorschriften gemacht werden, die oft auf sehr stilisierten Vorstellungen über die starke Wirkung von Institutionen beruhen.«[28]

Die Allmende kann nur funktionieren, wenn die Nutzung geregelt wird. Diese Regeln funktionieren, wenn eine robuste

---

[28] Ostrom, Elinor: Was mehr wird, wenn wir teilen. Vom gesellschaftlichen Wert der Gemeingüter. Übers. v. Silke Helfrich, München 2011, S. 22

Mehrheit der Nutzer von ihrem Sinn überzeugt ist, sie einhält und so stolz auf dieses Einhalten ist, dass eine wechselseitige Kontrolle der Nutzer das Selbstgefühl der Einzelnen nicht schwächt, sondern stärkt.

Es ist ein Ammenmärchen, dass jene Beziehungen am besten gedeihen, in denen es nur Vertrauen gibt und keine Kontrolle. Die menschliche Bereitschaft zur Regression schläft nie und endet erst mit unserem Tod. Bis dahin muss die Qualität einer reifen Beziehung nicht allein durch Selbstdisziplin, sondern auch durch die Bereitschaft aufrechterhalten werden, derartige Regressionen bei anderen nicht zu dulden.

Sobald eine Kritik kritisiert wird, weil sie keine garantiert bessere Lösung anbietet, schwindet die menschliche Kreativität. Ich denke, dass wir sehr viel Kreativität benötigen, um aus der Krise herauszufinden, in die uns nicht zuletzt die dummen Dinge gebracht haben. Wenn mein Text als Anregung zu dieser Kreativität aufgefasst wird, hat er seinen Sinn erfüllt.

Literatur

Abbot, Mike: Green Woodwork, Lewes 1992

Anders, Günther: Die Antiquiertheit des Menschen. Band I: Über die Seele im Zeitalter der zweiten industriellen Revolution, München 1956

Anders, Günther: Die Antiquiertheit des Menschen. Band II: Über die Zerstörung des Lebens im Zeitalter der dritten industriellen Revolution, München 1980

Andritzky, Michael (Hrsg.): Oikos. Haushalt und Wohnen im Wandel. Von der Feuerstelle zur Mikrowelle, Gießen 1992

Asendorf, Christof: Batterien der Lebenskraft. Zur Geschichte der Dinge und ihrer Wahrnehmung im 19. Jahrhundert, Gießen 1984

Barthes, Roland: Mythen des Alltags, Frankfurt/M. 1996

Baudrillard, Jean: Das System der Dinge. Über unser Verhältnis zu den alltäglichen Gegenständen, Frankfurt/M. 1991

Boehncke, Heiner & Bergmann, Klaus (Hrsg.): Die Galerie der kleinen Dinge. Kleines kulturgeschichtliches ABC alltäglicher Gegenstände, Zürich 1987

Bütz, Richard: Das große Buch vom Schnitzen, Ravensburg 1987

Eicke, Wolfram & Ulrich: Medienkinder. Vom richtigen Umgang mit der Vielfalt, München 1994

Flynn, Gillian: Gone Girl, New York 2012. Aus dem Amerikanischen von Christine Strüh, Frankfurt/M. 2014

Giedion, Siegfried: Die Herrschaft der Mechanisierung. Ein Beitrag zur anonymen Geschichte, Frankfurt/M. 1982

Herzog, Ulrich: Fahrradheilkunde, Ottersberg 1983

Hoffman, Ot: Ex und Hopp. Das Prinzip Wegwerf, Gießen 1990

Katalyse Umweltgruppe (Hrsg.): Das ökologische Heimwerkerbuch, Reinbek 1985

Lee, Leonard: The Complete Guide to Sharpening, Newtown 1995

Lee, Richard & DeVore, Irven (Hrsg.): Man the Hunter, Chicago 1968

Lévi-Strauss, Claude: Traurige Tropen, Köln 1960

McLellan, Vin & Avery, Paul: The Voice of Guns, New York 1977

Normann, Donald A.: Dinge des Alltags. Gutes Design und Psychologie für Gebrauchsgegenstände, Frankfurt/M. 1989

Ostrom, Elinor: Was mehr wird, wenn wir teilen. Vom gesellschaftlichen Wert der Gemeingüter. Übers. v. Silke Helfrich, München 2011

Pazzini, Karl-Josef: Die gegenständliche Umwelt als Erziehungsmoment. Zur Funktion alltäglicher Gebrauchsgegenstände in Erziehung und Sozialisation, Weinheim/Basel 1983

Pye, Chris: Woodcarving. Tools, Materials & Equipment. Guild of Master Craftsman Publications, Lewes 1994

Ruskin, John: Die Steine von Venedig, Straßburg 1900

Schmid, Alex P. & de Graef, Janny: Violence as Communication, London 1982

Schridde, Stefan: Murks? Nein danke! Was wir tun können, damit die Dinge besser werden, München 2014

Schwarz, Christopher: The Anarchists Tool Chest, Fort Mitchell, Kentucky 2011

Selle, Gert: Geschichte des Design in Deutschland, Frankfurt/M. 1994

Selle, Gert: Siebensachen. Ein Buch über die Dinge, Frankfurt/M. 1997

Sennett, Richard: Handwerk, Berlin 2008

Seymour, John: Vergessene Künste. Ravensburg 1985

Seymour, John: Das Leben auf dem Lande, Ravensburg 1979

Sommer, Bernd & Welzer, Harald: Transformationsdesign. Wege in eine zukunftsfähige Moderne, München 2014

Spitzer, Manfred: Digitale Demenz. Wie wir uns und unsere Kinder um den Verstand bringen, München 2012

Steffen, Dagmar (Hrsg.): Welche Dinge braucht der Mensch? Hintergründe, Folgen und Perspektiven der heutigen Alltagskultur, München 1994

Thomas, Carmen: Ein ganz besonderer Saft, München 1994

Wördehoff, Bernd: Das gab's doch mal. Vielerlei Dinge, die aus unserem Alltag entschwunden sind, Wien 1994